Schnell zum sicheren Tastschreiben

von

Karl Wilhelm Henke

winklers verlag

1 Grundstellung: Buchstaben *f, j, d, k, s, l, a* und *ö*

Einnehmen der Grundstellung

Die Grundstellung wird ertastend in der mittleren Buchstabentastenreihe eingenommen.

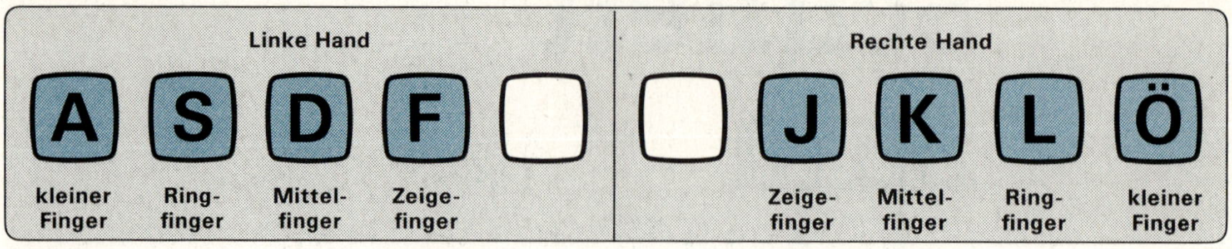

Einnehmen der Schreibhaltung

Aufrecht sitzen, Ellenbogen locker an den Körper anlegen, Unterarm und Handrücken bilden eine gerade Linie. Die ersten Fingerglieder sind leicht gekrümmt.

Bedienung der Leertaste

Die Daumen sollten über der Leertaste schweben. Die Leertaste wird mit dem rechten Daumen bedient. Beim Anschlag der Leertaste bewegt sich das Druckwerk oder der Cursor am Bildschirm nach rechts. Der Cursor steht immer rechts neben dem zuletzt geschriebenen Zeichen.

Texteingabe

Alle Texte sind am Bildschirm fortlaufend als Endloszeile einzugeben. Am Zeilenende entsteht ein automatischer Zeilenumbruch, wenn Sie ein Leerzeichen eingeben und weiterschreiben. An Schreibmaschinen verwendet man zur Zeilenschaltung die Rückführtaste mit Zeilenschritt. Für einen Absatz ist diese Taste zweimal zu betätigen.

Während des Schreibens liegen alle Finger auf den Tasten der Grundstellung. Die Schreibtasten sind nur bis zur Auslösung des Zeichenschrittes herunterzudrücken. Die Augen sind auf die Vorlage zu richten.

Grundstellung

Zeile

1 fff fff fff fff fff fff fff jjj jjj jjj jjj jjj jjj jjj jjj
2 jjf jjf jjf jjf jjf ffj ffj ffj ffj ffj fjf fjf fjf fjf fjf

3 ddd ddd ddd ddd ddd dfd dfd dfd dfd dfd djd djd djd djd djd
4 dfj dfj dfj dfj dfj jdf jdf jdf jdf jdf jfd jfd jfd jfd jfd

5 kkk kkk kkk kkk kkk kjk kjk kjk kjk kjk kfk kfk kfk kfk kfk
6 kjf kjf kjf kjf kjf jkd jkd jkd jkd jkd djk djk djk djk djk

7 sss sss sss sss sss sds sds sds sds sds sfs sfs sfs sfs sfs
8 sjs sjs sjs sjs sjs sks sks sks sks sks skj skj skj skj skj

9 lll lll lll lll lll lkl lkl lkl lkl lkl ljl ljl ljl ljl ljl
10 lfl lfl lfl lfl lfl ldl ldl ldl ldl ldl lsl lsl lsl lsl lsl

11 aaa aaa aaa aaa aaa asa asa asa asa asa afa afa afa afa afa
12 ada ada ada ada ada aja aja aja aja aja aka aka aka aka aka

13 ööö ööö ööö ööö ööö ölö ölö ölö ölö ölö öjö öjö öjö öjö öjö
14 öfö öfö öfö öfö öfö ödö ödö ödö ödö ödö ösö ösö ösö ösö ösö

15 asdf asdf asdf asdf asdf asdf ölkj ölkj ölkj ölkj ölkj ödkj
16 fdsa fdsa fdsa fdsa fdsa fdsa jklö jklö jklö jklö jklö jklö

17 das das das das das lös lös lös lös lös lad lad lad lad lad
18 das lös lad das lös lad das lös lad lös das lad das lad lös

2 Buchstaben *g, h, e* und *i*

Wiederholung

Zeile

1 da ja das las fad lös falls das lös fad als falls lös falls
2 ja da als fad das las falls lös das als las falls las falls

Buchstabe g: Der linke Zeigefinger tastet waagerecht nach rechts.

3 fgf fgf fgf gfg gfg gfg fga fga fga gfs gfs gfs ögf ögf ögf
4 jag jag jag jag jag lag lag lag lag lag jag lag jag lag jag
5 sag sag sag sag sag jag lag sag jag lag sag lag sag jag sag

Buchstabe h: Der rechte Zeigefinger tastet waagerecht nach links.

6 jhj jhj jhj hjh hjh hjh jhö jhö jhö hjl hjl hjl ahj ahj ahj
7 sah sah sah sah sah sag sah sag sah sag sah sag sah sag sah
8 half half half half fahl fahl fahl fahl kahl kahl kahl kahl

9 half half fahl fahl kahl kahl half fahl kahl half fahl kahl
10 sah half als da kahl sag ja fahl als half lag das half fahl
11 kahl das half da fahl sah jag als ja kahl sag fahl als half

Buchstabe e: Der linke Mittelfinger tastet links hoch.

12 ded ded ded ede ede ede dea dea dea edö edö edö jed jed jed
13 öde öde öde öde des des des des öde öde des des öde des öde
14 jede jede jede lade lade lade jede jede lade lade jede lade

15 alle alle alle sage sage sage alle alle sage sage alle sage
16 löse löse löse lege lege lege löse löse lege lege löse lege
17 sehe sehe sehe gehe gehe gehe sehe sehe gehe gehe sehe gehe

Buchstabe i: Der rechte Mittelfinger tastet links hoch.

18 kik kik kik iki iki iki kiö kiö kiö ika ika ika sik sik sik
19 die die die die sie sie sie sie sei sei sei sei die sie sei
20 hilf hilf hilf dies dies dies hilf hilf dies dies hilf dies

21 lief lief lief lieh lieh lieh seid seid seid lief lieh seid
22 siege siege siege liege liege liege leihe leihe leihe leihe
23 lief lieh seid siege liege leihe lieh siege seid leihe lief

Festigung

24 es öle die elf sei öde lade dies fiel löse gehe jedes leihe
25 je des sei öde die elf lief fiel löse dies leid alles liege
26 es die öle des elf sei hilf lade fiel lies lief leise feile

27 öde leid dies lief hege fiel alles jedes lasse ideal dieses
28 sei jede lade alle hilf dies lasse feile leide alles leises
29 die gehe alle lies seid lief siege ideal diese leihe dieses

3 Komma - Buchstaben *r* und *u*

Wiederholung

Zeile

1 lade jede lege sehe gehe hilf fiel dies lieh seid lies löse
2 dies lade hilf löse sehe sage seid lieh lege fiel hilf dies

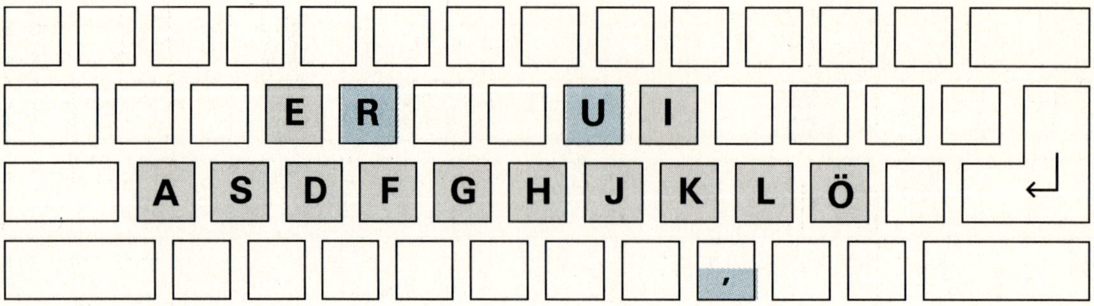

Komma: Der rechte Mittelfinger tastet rechts tief.

3 k,k k,k k,k ,k, ,k, ,k, k,ö k,ö k,ö ,ka ,ka ,ka ik, ik, ik,
4 ja, ja, ja, ja, da, da, da, da, es, es, es, es, ja, da, es,
5 die, die, die, sie, sie, sie, sei, sei, sei, die, sie, sei,

6 sie half, sie half, sie half, sie lief, sie lief, sie lief,
7 sie fiel, sie fiel, sie fiel, sie lieh, sie lieh, sie lieh,
8 sie half, sie lief, sie fiel, sie lieh, sie half, sie lief,

9 sie sah es, sie sah es, sie sah es, leihe dies, leihe dies,
10 lasse dies, lasse dies, lasse dies, sie öle es, sie öle es,
11 sie sah es, leihe dies, lasse dies, sie öle es, sie sah es,

Buchstabe r: Der linke Zeigefinger tastet links hoch.

12 frf frf frf rfr rfr rfr fra fra fra rfs rfs rfs irf irf irf
13 frei frei frei rief rief rief frei frei rief rief frei rief
14 dir dir dir dar dar dar gar gar gar dir dar gar dir dar gar

15 der der der her her her ihr ihr ihr der her ihr her ihr der
16 gar dir gar ihr der her dar der ihr her dir ihr her gar dir
17 rede rede rede klar klar klar sehr sehr sehr rede klar sehr

Buchstabe u: Der rechte Zeigefinger tastet links hoch.

18 juj juj juj uju uju uju jul jul jul uja uja uja suj suj suj
19 auf auf auf aus aus aus auf aus auf aus auf aus auf aus aus
20 rufe rufe rufe ruhe ruhe ruhe eure eure eure rufe ruhe eure

21 kaufe kaufe kaufe laufe laufe laufe sauer sauer sauer kaufe
22 sauge sauge sauge raues raues raues graue graue graue graue
23 kaufe laufe sauer sauge raues graue sauer laufe rauer saure

Festigung

24 sehr klar, sehr rau, sehr sauer, sehr ruhig, sie sei leise,
25 sei ruhig, sie sei ruhig, er sei sehr ruhig, rufe es leise,
26 ruhe aus, er ruhe aus, sie höre es hier, hier sei es ruhig,

27 kaufe dies, er kaufe dies, er kaufe es ihr, sie kaufe dies,
28 lege es auf, er lege es auf, lege dies her, er lege es auf,
29 er lieh es, er lieh es ihr, sehr ruhig, sie sei sehr ruhig,

4 Buchstaben *t* und *z*

Wiederholung

Zeile

1 kaufe, laufe, sauge, sauer, graue, rufe, eure, ruhe, höre,
2 er höre, gehe aus, rufe es aus, leider sauer, gerade hier,

Buchstabe t: Der linke Zeigefinger tastet rechts hoch.

3 ftf ftf ftf tft tft tft fta fta fta tfs tfs tfs rft rft rft
4 ist ist ist hat hat hat gut gut gut ist hat gut ist hat gut
5 tief tief tief teil teil teil seit seit seit tief teil seit

6 alte alte alte geht geht geht erst erst erst alte geht erst
7 hielt hielt steht steht liegt liegt hielt steht liegt hielt
8 ist hat gut tief teil seit alte geht erst hielt steht liegt

Buchstabe z: Der rechte Zeigefinger tastet gespreizt links hoch.

9 jzj jzj jzj zjz zjz zjz jzö jzö jzö zja zja zja ujz ujz ujz
10 zart zart zart kurz kurz kurz zart kurz zart kurz zart kurz
11 zeige zeige zeige zelte zelte zelte zahle zahle zahle zahlt

12 ziehe ziehe ziehe heize heize heize jetzt jetzt jetzt jetzt
13 zart kurz zeige zelte zahle ziehe heize jetzt zart kurz zur
14 zergeht zergeht zerstört zerstört zerlegt zerlegte zerlegte

Festigung

15 zu kurz, zu kurz, zu teuer, zu teuer, ruft laut, ruft laut,
16 er zeigt, er zeigt, er zeigte es, sie zögerte, sie zögerte,
17 sehr gut, sehr gut, erst heute, erst heute, er kauft heute,

18 sehr stark, sehr hart, sehr steil, sehr still, sehr heftig,
19 sie zielte, gut gezielt, er sitzt gut, sie sitzt jetzt gut,
20 sie ist fertig, jetzt fertig, er zitiert, zitiere es jetzt,

21 er zahlt es aus, du hast es gehört, sie hat es ihr gezeigt,
22 er teilt es aus, sie legte es dazu, er hörte es erst heute,
23 es ist erledigt, du hast es gesagt, er zeigte es ihr jetzt,

24 sie hielt es fest, du zeigst es ihr, er erfuhr heute alles,
25 er stellte es her, sie teilt es aus, sie zerlegte es jetzt,
26 sie sah es zuerst, er kaufte es ihr, er sagt es sehr ruhig,

27 er zeigte es ihr, sie leitete alles, er hat es ihr gezeigt,
28 sie zahlte heute, er zögerte zuerst, sie hatte es zerstört,
29 er riet ihr dazu, sie hat es gehört, er erledigte es jetzt,

5 Buchstaben *v, m* und *c*

Wiederholung

Zeile
1 gut geteilt, fast zerstört, es trifft zu, steht zeitig auf,
2 zuerst gezögert, es sagte ihr zu, er hat alles aufgestellt,

Buchstabe v: Der linke Zeigefinger tastet rechts tief.

3 fvf fvf fvf vfv vfv vfv fva fva fva vfs vfs vfs ivf ivf ivf
4 vier vier vier vier viel viel viel viel vier viel vier viel
5 vage vage vage vage völlig völlig völlig völlig vage völlig

6 verlief verlief verfasse verfasse verfahre verfahre verlege
7 verlade verlade verziehe verziehe verreise verreise versagt
8 verlief verfasse verfahre verlade verziehe verreise verlegt

Buchstabe m: Der rechte Zeigefinger tastet rechts tief.

9 jmj jmj jmj mjm mjm mjm jmö jmö jmö mjl mjl mjl emj emj emj
10 mal mal mal mir mir mir mit mit mit mal mir mit mal mir mit
11 kam kam kam dem dem dem zum zum zum ihm ihm ihm kam zum ihm

12 möge möge möge mehr mehr mehr kaum kaum kaum möge mehr kaum
13 allem allem immer immer damit damit allem immer damit immer
14 vermeide es, er vermied es, vermerke es, jeder malte damit,

Buchstabe c: Der linke Mittelfinger tastet rechts tief.

15 dcd dcd dcd cdc cdc cdc dca dca dca cdö cdö cdö edc edc edc
16 dick dick sich sich auch auch euch euch dick sich auch euch
17 durch durch lacht lacht sucht sucht recht recht mache mache

18 schaut schaue schief schiefe schmale schmales rasch rascher
19 gedruckt versuche zugleich mögliche herrlich sachlich scheu
20 sachlich herrlich mögliche gedruckt zugleich versuche echte

Festigung

21 er lachte, achte darauf, sie achtet darauf, recht deutlich,
22 es reichte, es reichte ihr, vergleiche es, sie verglich es,
23 sehr leicht, sehr schmal, sehr frisch, immer sehr deutlich,

24 sie versucht es, sie versucht es auch, immer sehr sachlich,
25 macht gleich mit, macht gleich mit, schriftlich mitgeteilt,
26 er versicherte es, höchst seltsam, sie hat auch mitgemacht,

27 sich damit vertraut gemacht, sie hat alles sicher erreicht,
28 heute versuchte sie es auch, vielleicht ist es ihm möglich,
29 er machte darauf aufmerksam, sie teilte es schriftlich mit,

6 Buchstaben *b* und *n* - Linker Umschalter

Wiederholung

Zeile
1 recht fröhlich, mich gesucht, sehr geschadet, laut gelacht,
2 rechtzeitig mitgeteilt, sie versicherte es, immer sachlich,

Buchstabe b: Der linke Zeigefinger spreizt rechts tief.

3 fbf fbf fbf bfb bfb bfb fba fba fba bfö bfö bfö vfb vfb vfb
4 bis bis bis bei bei bei hab hab hab bis bei hab bis bei hab
5 bald bald bist bist habe habe lebe lebe bald bist habe lebe

6 bilde bilde beide beide blieb blieb bitte bitte beste beste
7 bekam bestellt besteht bezieht besuchte begleicht beachtete
8 breit breit bricht bricht habt habt lebt lebt breit brachte

Buchstabe n: Der rechte Zeigefinger tastet links tief.

9 jnj jnj jnj njn njn njn jnö jnö jnö nja nja nja enj enj enj
10 nah nah nah nie nie nie neu neu neu den den den nie neu den
11 bin bin bin man man man und und und nur nur nur man und nur

12 nach nach fand fand lang lang kann kann nach fand lang kann
13 kein hatten mitten suchen stehen können finden nennen neuen
14 sich bedanken, endlich abgefahren, nichts eingesehen haben,

15 jetzt berichten, ihn darum bitten, sehr schnell angefangen,
16 alles angesehen, nicht abgefunden, alles begleichen können,
17 nicht gebraucht, genau abgebildet, selbst danach gehandelt,

Linker Umschalter: Der linke kleine Finger spreizt weit nach links unten.

18 Ja Ja Ja Ja Ja Ja, Jahr Jahr Jahr Jahr Jagd Jagd Jagd Jagd,
19 Ka Ka Ka Ka Ka Ka, Kalk Kalk Kalk Kalk Karl Karl Karl Karl,
20 La La La Öa Öa Öa, Land Land Land Land Öfen Öfen Öfen Öfen,

21 ein Jahr, die Jagd, die Jahre, auf der Jagd, mehrere Jahre,
22 der Kalk, ein Kahn, die Karte, das Kabel, eine Karte lesen,
23 das Land, der Lack, diese Lage, die Ösen, die Öfen gekauft,

24 Junge Junge Kind Kind Leute Leute Haus Haus Hand Hand Idee,
25 Ufer Ufer Zahl Zahl Mann Mann Macht Macht Name Name Nummer,
26 das Ufer, die Zeit, der Mann, seine Nase, den Namen nennen,

27 die Mitte, diese Muster, geringe Zinsen, das neue Material,
28 sein Ziel, in der Natur, in der Zeitung, in letzter Minute,
29 die Karte, in dem Kreis, kein Interesse, eine gute Haltung,

Wiederholung

Zeile

1 neue Mitarbeiter eingestellt, auch diesen Umstand beachten,
2 die Hefte in der Hand halten, den Kaufvertrag durchgelesen,

Rechter Umschalter: Der rechte kleine Finger spreizt weit nach rechts unten.

3 Fö Fö Fö Fö Fö Fö, Föhr Föhr Föhr Föhr Föhn Föhn Föhn Föhn,
4 Dö Dö Dö Dö Dö Dö, Ding Ding Ding Ding Dank Dank Dank Dank,
5 Sö Sö Sö Aö Aö Aö, Söhne Söhne Söhne Söhne Art Art Art Art,

6 auf Föhr, der Föhn, diese Dörfer, viele Dinge, besten Dank,
7 seine Söhne, aus unserer Sicht, auf beiden Seiten, ein Amt,
8 ihre Söhne, die gute Sicht, auf diese Art, an diesem Abend,

9 Firma Firma Dauer Dauer Stadt Stadt Anteil Anteil Glas Glas
10 Teile Teile Vater Vater Chile Chile Briefe Briefe Band Band
11 mit Eifer, die Reihen, auf dem Tisch, der Vater, der Brief,

12 der Beleg, viele Kinder, in keinem Fall, in diesen Klassen,
13 die Mitte, diese Themen, in der Zukunft, das kleine Zimmer,
14 die Reise, viel Nahrung, bei dem Tausch, gegen das Unrecht,

Punkt: Der rechte Ringfinger tastet rechts tief.

15 l.l l.l l.l .l. .l. .l. l.j l.j l.j .la .la .la el. el. el.
16 viel. viel. viel. teil. teil. teil. hell. hell. hell. viel.
17 aus. hat. ist. bei. ein. auf. uns. hat. ist. ein. aus. bei.

18 gerecht. gelesen. verfasst. vermerkt. gerechnet. beseitigt.
19 gemahnt. gehören. geachtet. geöffnet. unachtsam. ungelesen.
20 gekannt. verlegt. gefunden. erreicht. errechnen. ungerecht.

Festigung

21 Kurt nimmt teil. Ina erriet die Zahl. Jutta kann sehr viel.
22 Klaus macht mit. Manfred schrieb ihm. Martin bedankte sich.
23 Helmut kam auch. Ingrid besuchte uns. Uta kam leider nicht.

Zeile		Anschläge
24	Unser Unternehmen hat nun alle Muster rechtzeitig erhalten.	63
25	Nun benötigt der Hersteller dringend einige neue Maschinen.	63
26	In der Nebenstelle können sich alle Interessenten anmelden.	63
		189
27	Am Freitag besucht der Auszubildende auch die Berufsschule.	64
28	Der Auszubildende erkundigte sich nach seinem Dienstbeginn.	63
29	Die Auszubildenden machen sich mit ihren Aufgaben vertraut.	63
		190

8 Buchstaben *w, o, x* und Doppelpunkt

Wiederholung

Zeile

1 Bereits im Februar lieferte die Firma Beckmann neue Tische.
2 Nun benötigt der Hersteller dringend einige neue Maschinen.

Buchstabe w: Der linke Ringfinger tastet links hoch.

3 sws sws sws wsw wsw wsw swf swf swf wsö wsö wsö iws iws iws
4 wie wie wie wie was was was was wir wir wir wir wie was wir
5 war war war war wer wer wer wer wie was wir war wer war wer

6 wird wird will will wann wann wenn wenn weil weil weit weit
7 wieder wieder welche welche werden werden wenige wenige wer
8 mit dem Wagen, sauberes Wasser, einige Wörter, die Zweifel,

Buchstabe o: Der rechte Ringfinger tastet links hoch.

9 lol lol lol olo olo olo loj loj loj olg olg olg fol fol fol
10 los los los los lobe lobe lobe lobe soll soll soll soll los
11 oft oft vor vor vom vom von von oder oder oben oben doch so

12 schon schon sonst sonst kommt kommt wollte wollte besonders
13 der kleine Ort, ohne Worte, ohne Folgen, besondere Erfolge,
14 die Kosten, am Boden, am Morgen, in guter Form, die Stoffe,

Buchstabe x: Der linke Ringfinger tastet rechts tief.

15 sxs sxs sxs xsx xsx xsx sxf sxf sxf xsu xsu xsu ixs ixs ixs
16 mixe mixe mixe boxe boxe boxe mixe mixe boxe boxe mixe boxe
17 mixt boxt mixen boxen gemixt geboxt mixt boxt gemixt geboxt

18 exakt exakt exakt extrem extrem extrem extra extra exaktes,
19 recht fix, richtig mixen, wieder geboxt, exakt dargestellt,
20 verschiedene Texte, das Examen ablegen, nach Mexiko reisen,

Doppelpunkt: Linker Umschalter - der rechte Ringfinger tastet rechts tief.

21 l:l l:l l:l :l: :l: :l: l:j l:j l:j :la :la :la el: el: el:
22 Name: Wolfermann, Vorname: Walter, Geburtsort: Wernigerode.
23 Einkaufsleiter: Herr Wolf, Sachbearbeiterin: Frau Wichmann.

Festigung

Anschläge

24 Diese Wohnung soll nun doch Anfang November bezogen werden. 64
25 Vor zwei Wochen wurde uns das Sonderangebot noch zugesandt. 63
26 Mit der Werbung wollen wir in den kleineren Orten beginnen. 63
190
27 Diese Texte sollten schon am Mittwoch in Xanten eintreffen. 64
28 An der Konferenz nehmen teil: Beatrix und Alexandra Winter. 66
29 Diese Luxusartikel sollen extra nach Mexiko gesandt werden. 62
192

9 Buchstaben *q, p, y* und Mittestrich

Wiederholung

Zeile

1 im Winter, in der Wohnung, dieses Werk, die kommende Woche,
2 sehr extrem, die Texte gelesen, Maximalforderungen erheben.

Buchstabe q: Der linke kleine Finger tastet links hoch.

3 aqa aqa aqa qaq qaq qaq aqf aqf aqf qai qai qai qua qua qua
4 quakt quakt quakt quoll quoll quoll quakt quoll quakt quoll
5 quitt quitt quittieren quittieren bequem bequemes erquicken

6 quer quakt quoll quittieren bequem erquicken quer quittiert
7 die Qual, der Quark, starker Qualm, das Quadrat, die Quote,
8 an der Quelle, bei dem Quiz, die Quittungen unterschreiben,

Buchstabe p: Der rechte kleine Finger tastet links hoch.

9 öpö öpö öpö pöp pöp pöp öpj öpj öpj pöt pöt pöt epö epö epö
10 paar paar paar parkt parkt parkt packe packe packte gepackt
11 passiv passive privat privates planen plante passive plante

12 sparen sparen spielt spielt sprach sprach empfinden empfand
13 paar parkt packe passiv privat planen sparen spielt empfand
14 die Partei, der Preis, die Person, der Platz, ihre Papiere,

Buchstabe y: Der linke kleine Finger tastet rechts tief.

15 aya aya aya yay yay yay ayf ayf ayf yah yah yah lya lya lya
16 lyrisch lyrisch lyrisch typisch typisch typischer lyrisches
17 symbolisch systematisch analysieren symbolische analysierte

18 lyrisch typisch symbolisch analysieren lyrische symbolische
19 saubere Typen, kein neues System, eine Analyse vorgenommen,
20 in die City gefahren, um Asyl gebeten, alle Symbole kennen.

Mittestrich: Der rechte kleine Finger tastet rechts tief.

21 ö-ö ö-ö ö-ö -ö- -ö- -ö- ö-j ö-j ö-j -ös -ös -ös rö- rö- rö-
22 lö- se, lö- se, lö- se, mö- gen, mö- gen, hö- ren, hö- ren,
23 la- de, le- be, he- be, we- ben, ha- ben, et- was, reg- te.

Festigung

24 auf- und abladen, ein- und aussteigen, ein- und ausgegeben,
25 Ein- und Ausfuhr, Nah- und Fernziel, Postein- und -ausgang,
26 Berlin-Steglitz, Theodor-Heuss-Allee, Konrad-Adenauer-Haus.

Anschläge

27 Stefanie trainierte systematisch, um sich zu qualifizieren. 63
28 Das Ludwig-Erhard-Gymnasium bekam jetzt auch neue Computer. 64
29 Der Mitarbeiter quittiert den Empfang der Personalcomputer. 64

191

10 Training - Anwendung des Mittestrichs

Zeilensätze

Zeile		Anschläge
1	Alle Pakete sind von den Postbediensteten abgeladen worden.	63
2	Trotz vieler Proteste hat der Politiker nichts unternommen.	63
3	Die Vertragspartner wurden gebeten die Quittung vorzulegen.	63
4	Die Qualifikation zur Weltmeisterschaft ist schon im April.	64
5	Diesen Altersgruppen ist empfohlen worden Sport zu treiben.	63
		316
6	Zu den Ausdauersportarten gehören das Laufen und Schwimmen.	64
7	Mehrere Sportler haben sich bei dem Wettkampf qualifiziert.	63
8	Das unfaire Spielen wurde mit einem Platzverweis quittiert.	63
9	Die Produktion soll im April noch einmal gesteigert werden.	63
10	In einer Anzeige werden bequeme Sessel preiswert angeboten.	63
		316

Silbentrennungsstrich und Ergänzungsbindestrich

		Gesamt-anschläge
11	Den neuen Auftrag erteilen wir der Firma Schley in Oberhau-	64
12	sen. Das Angebot sagt uns zu. Die Lieferungs- und Zahlungs-	128
13	bedingungen entsprechen unseren Vorstellungen. Bitte erkun-	189
14	digen Sie sich, ob die benötigten Stoffe schon bis Donners-	251
15	tag geliefert werden können. Danach bestellen wir umgehend.	311

Bindestrich

		Anschläge je Zeile
16	Karl-Heinz will nun das Friedrich-Ebert-Gymnasium besuchen.	65
17	Hermann Meyer geht seit November zur Heinrich-Heine-Schule.	66
18	Die Firma hat den Sitz von Wyhl nach Köln-Lövenich verlegt.	66
19	Eva Dreyer hat den Warenein- und -ausgang zu kontrollieren.	63
20	Alle Mannschaften treffen sich an der Carl-Diem-Sporthalle.	65
		325

Gedankenstrich

21	In Hamburg-Bergedorf findet die Olympiaqualifikation statt.	64
22	Der Athlet unternahm mehrere Versuche - leider ohne Erfolg.	64
23	Dann aber - nach kurzer Zeit - versuchte er es noch einmal.	62
24	Ein Aufschrei unter den Zuschauern - er hatte es geschafft.	63
25	Der Presse gab er dann - noch fast atemlos - ein Interview.	63
		316

Streckenstrich und Zeichen für „gegen"

26	Viele Urlauber befuhren die Autobahn Hannover - Oberhausen.	65
27	Der Flug Frankfurt - New York - Los Angeles ist ausgebucht.	67
28	Ein Lastkraftwagen befuhr die Autobahn Frankfurt - Hamburg.	65
29	Das Endspiel Mönchengladbach - Leverkusen ist in Frankfurt.	65
30	Das Spiel Deutschland - Italien ist noch nicht ausverkauft.	64
		326

Schreibregeln

- Deutsche Wörter werden nach Sprechsilben getrennt; *ck* wird bei der Silbentrennung (Worttrennung) nicht getrennt.
- Beim *Ergänzungsbindestrich* steht das Leerzeichen vor oder hinter dem Mittestrich. Der *Bindestrich* wird ohne Leerzeichen geschrieben.
- Wird der Mittestrich als *Gedankenstrich, Streckenstrich* oder als *Zeichen für „gegen"* verwendet, bleibt davor und dahinter ein Leerzeichen.

11 Buchstaben *ä* und *ü*

Wiederholung

Zeile

1 eine genaue Analyse, diese Olympiade, physisch beansprucht,
2 Beatrix Mayer wohnt in der Friedrich-Ebert-Allee in Speyer.

Buchstabe ä: Der rechte kleine Finger spreizt waagerecht nach rechts.

3 öäö öäö öäö äöä äöä äöä öäj öäj öäj äös äös äös täö täö täö
4 läge läge läge käme käme käme wäre wäre wäre läge käme wäre
5 sähe sähe sähe hält hält hält spät spät spät sähe hält spät

6 hätte hätte fähig fähig wählt wählt fängt fängt hätte fängt
7 läge käme wäre sähe hält spät hätte fähig wählt fängt hätte
8 die Ähren, dieser Ärger, einige Ärzte, wichtige Änderungen,

Buchstabe ü: Der rechte kleine Finger spreizt rechts hoch.

9 öüö öüö öüö üöü üöü üöü öüj öüj öüj üöa üöa üöa rüö rüö rüö
10 übe übe übe für für für übe übe für für übe für übe für übe
11 dürft dürft würde würde rückt rückt trübe trübe gütig gütig

12 müssen müssen fühlen fühlen nützen nützen kündigen kündigen
13 dürft würde rückt trübe gütig müssen fühlen nützen kündigen
14 die Übung, die Übernahme, die Übersetzung, die Überschüsse,

Festigung

15 diese Pläne, gute Wünsche, die Vorschläge, genügend Gründe,
16 diese Güter, nicht erwähnt, darauf drängen, auf dem Rücken,
17 alle Käufer, einige Bürger, an den Ständen, mit viel Glück.

Zeilensätze

Zeile		Anschläge
18	Viele Käufer schätzen die gute Qualität dieser Erzeugnisse.	64
19	Das Geschäft will nur qualifizierte Verkäufer beschäftigen.	63
20	Der Geschäftsinhaber fährt schon am nächsten Dienstag fort.	63
	190	
21	In ähnlichen Fällen war der Verkäufer sehr entgegenkommend.	63
22	Grundsätzlich sind Vorfälle dieser Art von uns aufzuklären.	63
23	Dieser Einzelhändler bietet nur die allerbeste Qualität an.	63
	189	
24	In der nächsten Ausgabe wird ausführlich darüber berichtet.	62
25	Auf der Rückfahrt hielt der Bus nur in München und Münster.	65
26	Die Ausschüsse prüfen, ob auch die Gebühren anzuheben sind.	63
	190	
27	Natürlich werden die Wünsche unserer Kunden berücksichtigt.	63
28	Es genügt doch, die Entscheidung nur mündlich zu begründen.	62
29	Durch gründliches Üben erzielen Sie den erwünschten Erfolg.	64
	189	

12 Buchstabe ß - Zeilensätze

Wiederholung

Zeile

1 Die Bestellung würden wir auch in kürzester Zeit ausführen.
2 Der Händler bietet täglich frisches Gemüse preisgünstig an.

Buchstabe ß : Der rechte kleine Finger tastet fast senkrecht hoch.

3 ößö ößö ößö ßöß ßöß ßöß ößj ößj ößj eßö eßö eßö üöß üöß üöß
4 stößt stößt stößt stößt größer größer größer stößt größeres
5 ließ ließ ließ hieß hieß hieß weiß weiß weiß ließ hieß weiß

6 heiß heiß heiß bloß bloß bloß groß groß groß heiß bloß groß
7 gemäß gemäß mäßig mäßig süßes süßes müßig müßig mäßig süßes
8 stößt großer ließ hieß weiß heiß bloß groß gemäß mäßig süße

Festigung

9 die Größe, die Straßen, sehr fleißig, die weitere Maßnahme,
10 der Fleiß, besten Gruß, große Städte, dieser große Maßstab,
11 die Späße, viele Grüße, die Äußerung, Verträge abschließen.

Rechtschreibübungen

Zeile	Text	Anschläge
12	Alle bedauerten, dass die Maßnahme zu spät ergriffen wurde.	62
13	Firma Voß informierte uns, dass dieses Fass geliefert wird.	63
14	Beim letzten Besuch ist ein großes Fass beanstandet worden.	63
		189
15	Das Problem, das mit Herrn Weiß erörtert wurde, ist gelöst.	64
16	Der Jugendausschuss wird am Donnerstag darüber beschließen.	62
17	Dass Frau Weiß diese Äußerung machte, erwarteten wir nicht.	63
		189

Zeilensätze

Zeile	Text	Anschläge
18	Für das Gießener Werk ist Herr Meßner im Außendienst tätig.	66
19	Er besucht die Kunden regelmäßig und verbucht die Aufträge.	63
20	Bei den Kunden genießt jedoch Herr Reißmann den besten Ruf.	65
		194
21	Frau Roß besucht die Kunden in einem großen Verkaufsgebiet.	64
22	Die Großhandlung Kißmer will einen Kaufvertrag abschließen.	64
23	Gewiss ist es nicht leicht, die Kaufverträge abzuschließen.	62
		190
24	Einige Großbetriebe wollen Frau Weiß die Aufträge erteilen.	65
25	Heute traf eine große Sendung in unserem Gießener Werk ein.	64
26	Wenn Sie regelmäßig üben, erzielten Sie den größten Erfolg.	63
		191
27	Der Umsatz des Unternehmens hat sich in diesem Jahr erhöht.	64
28	Dieser Gewinn reicht aus, um die Kosten dadurch abzudecken.	63
29	Im nächsten Jahr wird eine Preiserhöhung unvermeidbar sein.	63
		190

13 Semikolon - Grundstrich - Abkürzungen

Wiederholung

Zeile
1 Eigentlich muss hierüber der Personalausschuss beschließen.
2 Eine größere Sendung traf erst gestern Abend in Gießen ein.

Semikolon: Linker Umschalter - rechter Mittelfinger rechts tief.

3 k;k k;k k;k ;k; ;k; ;k; k;ö k;ö k;ö ;ka ;ka ;ka da; da; da;
4 vor; vor; aus; aus; bei; bei; eine; eine; hier; hier; mehr;
5 mit; auf; wir; ich; war; ist; nach; sehr; kann; ganz; sind;

6 laut, leise; dick, dünn; eng, breit; nah, fern; früh, spät;
7 alt und neu; kühl und nass; früh und spät; hell und dunkel;
8 über kurz oder lang; bei Jung und Alt; den Kürzeren ziehen.

Anschläge
9 Die Auskünfte sind erschöpfend; sie werden nun ausgewertet. 63
10 Die Beratung ist am Donnerstag; dazu werden Sie eingeladen. 65
11 Der Großhändler informiert uns; wir erhalten dann die Ware. 64
192

Grundstrich: Linker Umschalter - rechter kleiner Finger rechts tief.

12 ö_ö ö_ö ö_ö _ö_ _ö_ ö_j ö_j ö_j _öb _öb _öb ö__ a__ e__ i__
13 ein altes Haus; unsere neuen Artikel; diesmal kein Verlust;
14 der junge Mann; nur falsche Aussagen; sein hohes Einkommen.

15 Firma Westermann wurde aufgefordert unverzüglich zu zahlen.
16 Ihr wurde nun bis zum Monatsende eine letzte Frist gesetzt.
17 Verstreicht die Frist, erhält die Firma einen Mahnbescheid.

Abkürzungen

18 Die Veranstaltung findet evtl. im Okt. d. J. in Bonn statt. 65
19 Solche Arbeitsabläufe sind rationell, d. h. man spart Zeit. 62
20 Am Computer können Sie z. B. durch Fettschrift hervorheben. 63
21 Das Unternehmen bietet Schreibmaschinen, Büromöbel usw. an. 63
253
22 Im HGB sind gesetzliche Bestimmungen über die KG zu finden. 67
23 Die AG und die GmbH zählt man zu den Kapitalgesellschaften. 66
24 Das ZDF berichtet über das Spiel Hamburger SV - VfL Bochum. 71
25 Die Gewichtseinheiten kg und g fehlten auf dem Preisschild. 63
267

Schreibregeln

- Die Unterstreichung beginnt unter dem ersten und endet unter dem letzten Buchstaben des hervorzuhebenden Wortes. Leerzeichen zwischen den Wörtern und Satzzeichen sind auch zu unterstreichen.
- Ausgesprochene Abkürzungen (z. B. *evtl.*, *d. J.* usw.) erhalten einen Punkt. Folgen zwei oder mehr Abkürzungen aufeinander, werden sie mit Leerzeichen geschrieben.
- Hinter buchstäblich gesprochenen Abkürzungen (z. B. *HGB*, *GmbH*) oder amtlichen Abkürzungen (z. B. *DM*, *m*, *kg*) steht kein Punkt.

Häufige Wörter

Zeile		Anschläge
1	nicht erste wenig damit wiegen bilden stehen leisten weiter	60
2	hatte macht liegt geben diesen nennen halten ähnlich reicht	60
3	eines müsst haben ganze beiden dienen setzen bedient lassen	60
4	heute nimmt hielt sehen können führen weiter handeln besten	60
5	schon einig denen außen werden fassen liegen mehrere halten	60
		300

Rechtschreibübungen

Zeile		Anschläge
6	Reis Atlas Kürbis Globus Zeugnis Erlaubnis Befugnis verließ	67
7	lies Iltis Kirmes Zirkus Konkurs Gefängnis Dienstag wussten	66
8	Soße Erlass Schloss Praxis Ballast Prokurist Kassette mäßig	67
9	hieß Genuss Prozess Muskat Protest Griesgram Prozesse musst	66
10	weiß Imbiss Express Passus Fässchen Kristall Walnüsse müßig	66
		332
11	in Kraft bleiben, kraft des Gesetzes, dank ihrer Mitarbeit,	63
12	von Zeit zu Zeit, unseren Dank sagen, dies beiseite lassen,	63
13	von Rechts wegen, Mitte dieser Woche, morgen zu Hause sein,	64
14	Anfang der Woche, heutzutage möglich, jedenfalls unmöglich,	62
15	nach Hause gehen, stundenlang warten, hierzulande geachtet.	61
		313
16	Bei der Kontrolle sind noch weitere Mängel zutage getreten.	63
17	Das Unternehmen hat sich diese Technologie zunutze gemacht.	63
18	Der Mechaniker muss den Pkw bis heute Abend instand setzen.	63
19	Eine solche Entwicklung sollte man nicht außer Acht lassen.	62
20	Die Politiker wollen Maß halten, um die Ausgaben zu senken.	63
		314
21	Der Vorsitzende begrüßt die Anwesenden auf das Herzlichste.	64
22	Nach diesem Spiel waren die Zuschauer aufs Äußerste erregt.	64
23	Es ist am zweckmäßigsten, die Aufgaben sofort zu erledigen.	62
24	Im Großen und Ganzen sind wir mit diesem Verlauf zufrieden.	62
25	Vera dachte nicht im Geringsten daran, im Voraus zu zahlen.	61
		313
26	Bis auf weiteres muss bei Michael alles beim Alten bleiben.	61
27	Über kurz oder lang werden wir uns wohl entscheiden müssen.	61
28	Für uns ist es wichtig, immer auf dem Laufenden zu bleiben.	61
29	Die Meinungsäußerung soll sie nicht ins Lächerliche ziehen.	63
30	Der Referent hatte sich nun eines Besseren belehren lassen.	63
		309

Textverarbeitung heute

Zeile		Anschläge
31	In der Textverarbeitung gibt es verschiedene Möglichkeiten,	63
32	unterschriftsreife Briefe zu erstellen. Schon sehr früh er-	123
33	kannte man den Nutzen kurzschriftlicher Diktataufnahmen und	185
34	Übertragungen mit der Schreibmaschine. Heute wird die Kurz-	247
35	schrift zusätzlich zum Notieren und Konzipieren eingesetzt.	309
36	Diktate können aber auch auf Tonträgern aufgenommen und an-	369
37	schließend übertragen werden. Diktierende müssen dabei be-	429
38	sonders artikuliert sprechen. Natürlich sind die Regeln für	491
39	das Fonodiktat zu beachten. An Textsystemen können Sie auch	555
40	Texte speichern, verändern und auch automatisch ausdrucken.	615

15 Ziffern *4* und *9* - Dollar und Nachklammer

Wiederholung

Zeile

1 die Erde, in Eile, die Einlage, die gute Idee, immer dabei.
2 In einigen Tagen kommen wir auf diese Angelegenheit zurück.

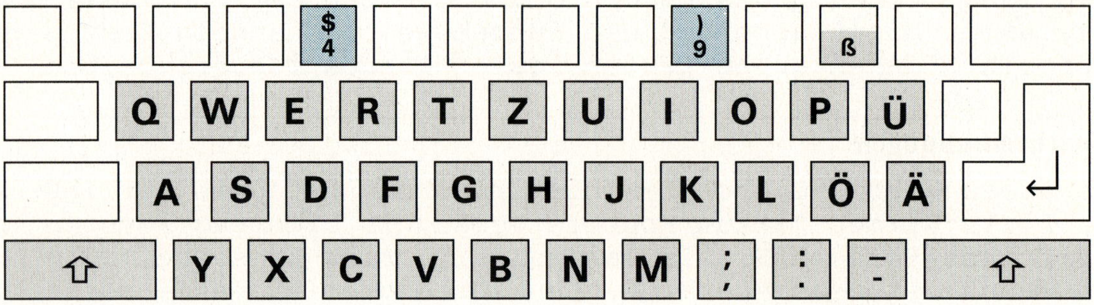

Ziffer 4: Der linke Mittelfinger tastet fast senkrecht hoch.

3 d4d d4d d4d 4d4 4d4 4d4 d4a d4a d4a 4di 4di 4di ed4 ed4 ed4
4 4 Damen, 4 Dornen, 4 Deckel, 4 Fehler, 44 Autos, 44 Felder,
5 4 Fälle, 4 Farben, 4 Spiele, 4 Gärten, 44 Bäume, 44 Regale,

6 4 m lang, 4 kg leichter, um 4 cm gekürzt, noch 44 l Wasser,
7 die 4. Folge, die 4. Straße, der 4. Brief, in der 4. Woche.
8 Das neue Einkaufszentrum bietet 4 kg Zucker für 4,44 DM an.

Dollar: Rechter Umschalter - der linke Mittelfinger tastet zur 4.

9 d$d d$d d$d d d d d$a d$a d$a d$ö d$ö d$ö $de $de $de
10 nur 4 $ zahlen, mehr als 4 $ berechnet, schon 44 $ bezahlt.
11 Der Händler bietet das Kraftfahrzeug jetzt für 44.444 $ an.

Ziffer 9: Der rechte Mittelfinger tastet fast senkrecht hoch.

12 k9k k9k k9k 9k9 9k9 9k9 k9ö k9ö k9ö 9ke 9ke 9ke ik9 ik9 ik9
13 9 Käufer, 9 Kassen, 9 Kisten, 9 Länder, 9 Häuser, 9 Männer,
14 9 Plätze, 9 Zimmer, 9 Ordner, 9 Wörter, 9 Regeln, 99 Teile,

15 erst am 9. Tag, die 9. Seite lesen, schon der 99. Bewerber,
16 um 9,49 DM teurer geworden, heute noch 94,99 DM überwiesen.
17 Ihre Bestellung über 49 m Stoff haben wir gestern erhalten.

Anschläge

18 Der Rechnungsbetrag von 9.494,44 DM ist noch zu überweisen. 64
19 In dieser norddeutschen Stadt leben jetzt 94 449 Einwohner. 63
20 In der benachbarten Großstadt wohnen nun 449 949 Einwohner. 63

190

Nachklammer: Linker Umschalter - der rechte Mittelfinger tastet zur 9.

21 k)k k)k k)k)k))k))k) k)ö k)ö k)ö)kg)kg)kg ik) ik) ik)
22 a) Typenhebel, b) Typenrad, c) Kugelkopf, d) Typenzylinder.
23 Senden Sie: a) Lebenslauf, b) Schulzeugnisse, c) Lichtbild.
24 Berücksichtigen Sie bei der Anmeldung die Punkte e) und g).

Schreibregeln

- Vor und nach einer Zahl steht ein Leerzeichen. Bei Ordnungszahlen folgt das Leerzeichen hinter dem Punkt. Dezimale Teilungen werden mit dem Komma geschrieben.
- Zahlen mit mehr als drei Stellen dürfen durch je ein Leerzeichen oder einen Punkt (Währungsbeträge) in dreistellige Gruppen gegliedert werden.
- Steht ein Zeichen für ein Wort (z. B. $), lässt man davor oder dahinter ein Leerzeichen.

16 Ziffern *5* und *8* - Prozent und Vorklammer

Wiederholung

Zeile

```
1 4 Tische, 9 Uhren, 49 Tafeln, 94 Urlauber, 44,44 DM zahlen,
2 schon 4 $ bezahlt, der Punkt c) ist sorgfältig auszufüllen.
```

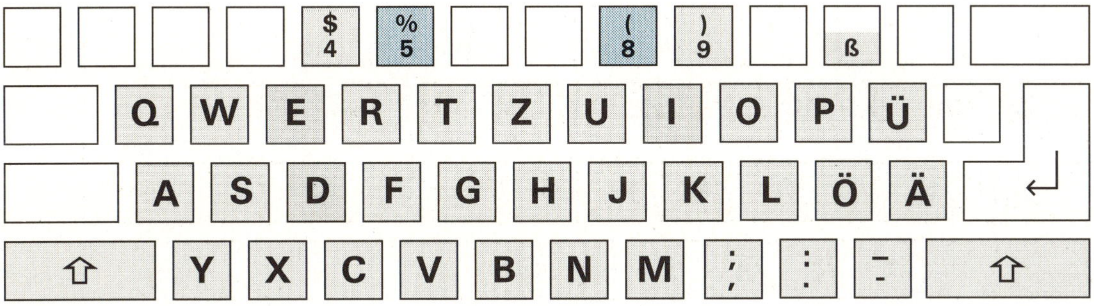

Ziffer 5 : Der linke Zeigefinger tastet fast senkrecht hoch.

```
3 f5f f5f f5f 5a5 5f5 5f5 f5a f5a f5a 5fö 5fö 5fö rf5 rf5 rf5
4 5 Falten, 5 Fische, 5 Finger, 5 Fässer, 5 Fliegen, 5 Filme,
5 5 Deckel, 5 Sänger, 5 Regeln, 5 Tonnen, 5 Gesetze, 5 Vasen,
                                                          Anschläge
6 auf dem 5. Feld, ein 5-jähriger Sohn, die 5-Zimmer-Wohnung.   63
7 Das interessante Fußballspiel sahen sogar 54 954 Zuschauer.   65
8 Für die Reparatur ist ein Betrag von 5.954,55 DM zu zahlen.   64
                                                           192
```

Prozent: Rechter Umschalter - der linke Zeigefinger tastet zur 5.

```
9 f%f f%f f%f %f% %f% %f% f%a f%a f%a %fi %fi %fi tf% tf% tf%
10 nur 5 %, 5 % Zinsen, 4 % Skonto, 9 % Rabatt, 5%iger Gewinn.
11 Unser Unternehmen konnte die Umsätze sogar um 9 % steigern.
```

Ziffer 8 : Der rechte Zeigefinger tastet fast senkrecht hoch.

```
12 j8j j8j j8j 8j8 8j8 8j8 j8ö j8ö j8ö 8je 8je 8je uj8 uj8 uj8
13 8 Jahre, 8 Jacken, 8 Jungen, 8 Kunden, 8 Lehrer, 88 Zahlen,
14 8 Hunde, 8 Nadeln, 8 Messer, 8 Bauten, 8 Bilder, 88 Rollen,

15 erst in 8 Tagen, die 8-jährige Pause, diese 8-km-Wanderung.
16 Tx 585588 ham d, die Telexkennung Tx 854958 wmn d beachten.
17 Unter dem Anschluss Tx 95895 gb d können Sie uns erreichen.
```

Vorklammer: Linker Umschalter - der rechte Zeigefinger tastet zur 8.

```
18 j(j j(j j(j (j( (j( (j( j(ö j(ö j(ö (jc (jc (jc uj( uj( uj(
19 Erfurt (Thüringen), Meißen (Sachsen), die Unterschrift(en).
20 Diese Computer sollen nach Jena (Thüringen) gesandt werden.   66
21 Die Fahrt nach Metz (Frankreich) war besonders interessant.   66
                                                          132
```

Schreibregeln

- In Zusammensetzungen mit Zahlen steht zwischen der Zahl und dem folgenden Wortteil ein Mittestrich (z. B. *5-jährig*). Aneinanderreihungen mit Zahlen in Ziffern werden ebenfalls durch einen Bindestrich verbunden (z. B. *5-Zimmer-Wohnung*).
- Die Telexkennung (Tx) besteht aus der ungegliederten Telexnummer, der Abkürzung des Firmennamens und dem Nationalitätskennzeichen.
- Klammern werden ohne Leerzeichen vor und nach den Textteilen, die von ihnen eingeschlossen sind, geschrieben.

17 Ziffern *6* und *7* - "und" in Firmennamen und Schrägstrich

Wiederholung

Zeile

1 die 5-jährige Pause, nur 88,55 DM zahlen, noch 855 Schüler,
2 nur noch 8 % Zinsen, nach Bremen (Weser), nach List (Sylt).

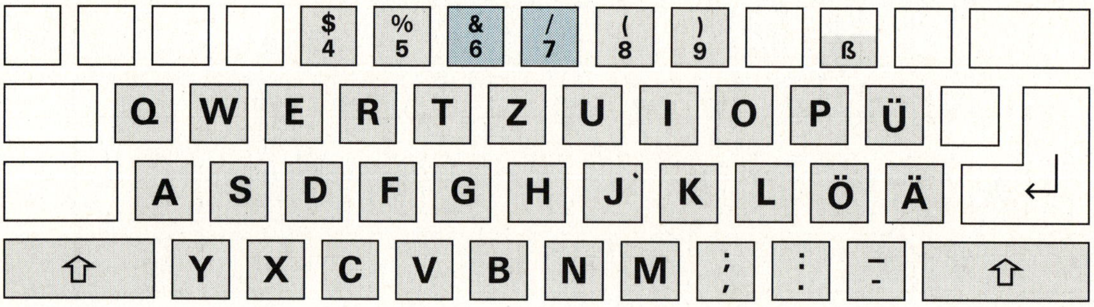

Ziffer 6 : Der linke Zeigefinger tastet rechts hoch über das *t* hinweg.

3 f6f f6f f6f 6f6 6f6 6f6 f6a f6a f6a 6fu 6fu 6fu tf6 tf6 tf6
4 6 Fahrer, 6 Farben, 6 Fehler, 6 Fragen, 6 Spiele, 66 Stück,
5 6 Tische, 6 Rollen, 6 Gläser, 6 Briefe, 6 Bilder, 66 Bände,

6 die Telefonnummer 6 55 beachten, T-Online 6 55 66 anwählen,
7 die Postfachnummer 6 88 angeben, das neue Postfach 6 54 89,
8 fernkopieren unter Fax 55 66 88, Fernkopierer: Fax 6 45 98.

"und" in Firmennamen: Rechter Umschalter - der linke Zeigefinger tastet zur 6.

9 f&f f&f f&f &f& &f& &f& f&a f&a f&a &fu &fu &fu tf& tf& tf&
10 Werner & Roth, Kleine & Sohn, Hering & Co., Schön & Kremer.
11 Bei Firma Meier & Sohn KG wurde eine Bestellung aufgegeben.

Ziffer 7 : Der rechte Zeigefinger tastet links hoch über das *u* hinweg.

12 j7j j7j j7j 7j7 7j7 7j7 j7ö j7ö j7ö 7ja 7ja 7ja uj7 uj7 uj7
13 7 Jahre, 7 Jacken, 7 Jungen, 7 Lichter, 7 Kästen, 7 Kinder,
14 7 Uhren, 7 Zahlen, 7 Helfer, 7 Modelle, 7 Nieten, 7 Fächer,

Anschläge

15 Sekretärin Schulze: 7 66-55, Telexkennung Tx 67675-77 hb d.
16 Das Unternehmen erreichen Sie jetzt unter T-Online 7 67 75. 65
17 Unter der Telefonnummer 7 98-5 65 erreichen Sie Frau Meier. 64

Schrägstrich: Linker Umschalter - der rechte Zeigefinger tastet zur 7.

18 j/j j/j j/j /j/ /j/ /j/ j/ö j/ö j/ö /jg /jg /jg uj/ uj/ uj/
19 Den Auftrag 677/9 können wir erst im Juli/August ausführen. 66
20 In dem Rechtsstreit Mai ./. Neu wurde die Klage zugestellt. 66
21 Für diese Vermittlung wurde eine Gebühr von 7 o/oo erhoben. 64

196

Schreibregeln

- Telefonnummern, Telefaxnummern, T-Online-Nummern (früher Btx, Datex-J) und Postfachnummern werden durch je ein Leerzeichen von rechts nach links in zweistellige Gruppen gegliedert. Die Nummer des Hauptanschlusses ist von der Nummer der Nebenstelle durch einen Mittestrich zu trennen.
- Vor und nach dem Schrägstrich entfallen die Leerzeichen.
- Das Zeichen ./. wird nur in Rechtsstreitigkeiten verwendet.
- Promille schreibt man mit dem kleinen o und dem Schrägstrich.

18 Ziffern *3* und *0* - Paragraf- und Gleichheitszeichen

Wiederholung

Zeile

1 Die Telefonnummern 77 89 45 und Fax 76 49 sind mitzuteilen.
2 Hering & Söhne OHG können erst im August/September liefern.

Ziffer 3: Der linke Ringfinger tastet fast senkrecht hoch.

3 s3s s3s s3s 3s3 3s3 3s3 s3f s3f s3f 3sö 3sö 3sö ws3 ws3 ws3
4 3 Sätze, 3 Seile, 3 Seiten, 3 Spiele, 3 Werke, 3 Wohnungen,
5 3 Arten, 3 Düsen, 3 Fehler, 3 Bänder, 3 Ecken, 33 Personen,

6 das Postfach 3 89 vermerkt, jetzt T-Online 34 56 78 wählen,
7 in 35683 Dillenburg wohnen, nach 33739 Bielefeld befördert.
8 Die Anschrift des Unternehmens: Postfach 5 33, 45355 Essen.

Paragrafzeichen: Rechter Umschalter - der linke Ringfinger tastet zur 3.

9 s§s s§s s§s §s§ §s§ §s§ s§f s§f s§f §su §su §su §sw §sw §sw
10 den § 33 aufführen, die §§ 3 bis 9, alle Paragrafen ändern.
11 Der Beklagte wurde nach § 553 Abs. 4 Satz 3 BGB verurteilt.

Ziffer 0: Der rechte Ringfinger tastet fast senkrecht hoch.

12 l0l l0l l0l 0l0 0l0 0l0 l0j l0j l0j 0la 0la 0la ol0 ol0 ol0
13 30 Länder, 30 Läufer, 40 Lampen, 50 Leisten, 60 Mitglieder,
14 30 Segler, 60 Werfer, 70 Reiter, 80 Ruderer, 900 Zuschauer.

15 rund 30.000 DM, noch 0,37 DM, Rest 3,00 DM, 0,50 DM zahlen,
16 schon um 07:30 Uhr gestartet, erst um 00:30 Uhr eintreffen,
17 noch (04 33) 33 55 angerufen, T-Online 0493 3 45 53 wählen.

Gleichheitszeichen: Linker Umschalter - der rechte Ringfinger tastet zur 0. Anschläge

18 l=l l=l l=l =l= =l= =l= l=j l=j l=j l=e l=e l=e ol= ol= ol=
19 Autokennzeichen: DO = Dortmund, DD = Dresden, S = Stuttgart
20 Dieser Personenkraftwagen hat das Kennzeichen S = Schweden. 66
21 Die Autokennzeichen PL = Polen und H = Ungarn sind bekannt. 69

135

Schreibregeln

- Deutsche Postleitzahlen werden fünfstellig geschrieben und nicht gegliedert. Vor und nach dem Zeichen für § steht ein Leerzeichen. Es darf nur in Verbindung mit Zahlen verwendet werden. In der Mehrzahl wird das Paragrafzeichen zweimal geschrieben (§§).
- Uhrzeiten kennzeichnet man mit dem Doppelpunkt. Zeitangaben in Stunden und Minuten sollten vierstellig geschrieben werden.
- In Telefonnummern und Telefaxnummern steht die Vorwahlnummer in Klammern vor der Nummer des Hauptanschlusses. Die Vorwahlnummer der T-Online-Nummer wird ungegliedert und ohne Klammern geschrieben.

19 Ziffern *2* und *1* - Satzzeichen

Wiederholung

Zeile

1 rund 35.000 DM, sofort (0 34 56) 3 45-54 anrufen, nach § 3.
2 Der Intercity aus Essen läuft um 08:05 Uhr auf Gleis 3 ein.

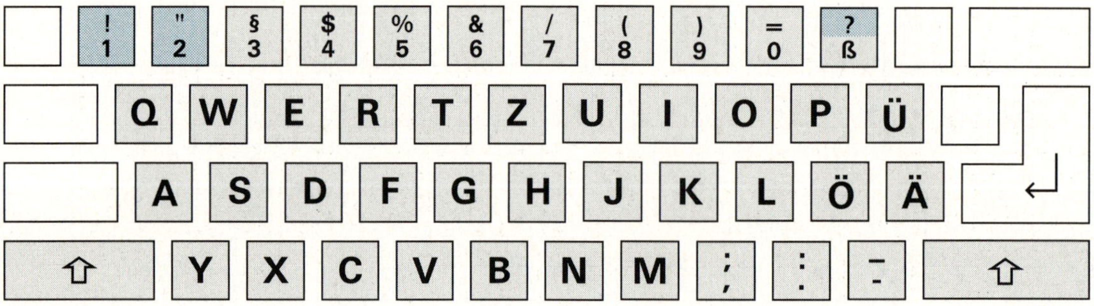

Ziffer 2 : Der linke kleine Finger tastet fast senkrecht hoch.

3 a2a a2a a2a 2a2 2a2 2a2 a2f a2f a2f 2fo 2fo 2fo qa2 qa2 qa2
4 2 Akten, 2 Arten, 2 Anker, 2 Anträge, 22 Sorten, 22 Folgen,
5 2 Täter, 2 Gäste, 2 Bände, 2 Werften, 22. April, 22. Platz.

Anschläge

6 Die nächste Sitzung ist schon am 22. August d. J. in Essen. 65
7 Die 22 Mitglieder des Ausschusses sollen eingeladen werden. 63
8 Das Konto 223 282 (BLZ 242 200 25) ist nicht allen bekannt. 67

195

Anführungszeichen: Rechter Umschalter - der linke kleine Finger tastet zur 2.

9 a"a a"a a"a "a" "a" "a" fa" fa" fa" a"n a"n a"n qa" qa" qa"
10 Marken "Antik" und "Anker", Modell "Nizza", Hotel "Am Zoo".
11 "Der Wagen fährt bleifrei", fügte der Verkäufer noch hinzu.

Ziffer 1 : Der linke kleine Finger tastet links hoch über das *q* hinweg.

12 a1a a1a a1a 1a1 1a1 1a1 a1f a1f a1f 1ak 1ak 1ak qa1 qa1 qa1
13 1 Aktie, 1 Anlage, 1 Aufgabe, 1 Stunde, 1 Deckel, 1 Fahrer,
14 1 Gerät, 1 Tanker, 1 Versuch, 1 Bilanz, 11. Juni, 11. März.

15 In 12 Disziplinen ermitteln die Sportler heute die Meister. 64
16 Im Vorverkauf wurden schon 1 200 Eintrittskarten abgesetzt. 63
17 Gegen 19:00 Uhr nimmt der Vorsitzende die Siegerehrung vor. 64

191

Ausrufezeichen: Rechter Umschalter - der linke kleine Finger tastet zur 1.

18 a!a a!a a!a !a! !a! !a! a!f a!f a!f a!ö a!ö a!ö qa! qa! qa!
19 Oh! Oh! Gut! Gut! Halt! Halt! Bitte! Bitte! Schade! Schade!
20 Guten Tag! Guten Abend! Alles Gute! Sehr schön! Gute Reise!

Fragezeichen: Linker Umschalter - der rechte kleine Finger tastet zum *ß*.

21 ö?ö ö?ö ö?ö ?ö? ?ö? ?ö? ö?j ö?j ö?j sö? sö? sö? pö? pö? pö?
22 Wer war dabei? Wann ist die Sitzung? Wo ist diese Beratung?
23 Wer fährt mit? Wer berichtete jetzt? Wer hat sich beworben?

Schreibregeln

- Bankleitzahlen sind achtstellig. Die drei Zahlengruppen (rechts zweistellig, in der Mitte und links dreistellig) werden durch Leerzeichen getrennt.
- Anführungszeichen stehen ohne Leerzeichen vor und nach den eingeschlossenen Textteilen. Werden vollständige Sätze in Anführungszeichen gesetzt, steht das zweite Anführungszeichen hinter dem Satzschlusszeichen.

20 Kalenderdaten - Sonderzeichen

Wiederholung

Zeile
1 Der Interregio traf pünktlich um 12:02 Uhr auf Gleis 2 ein.
2 Ist allen Kunden die neue BLZ 210 200 45 mitgeteilt worden?

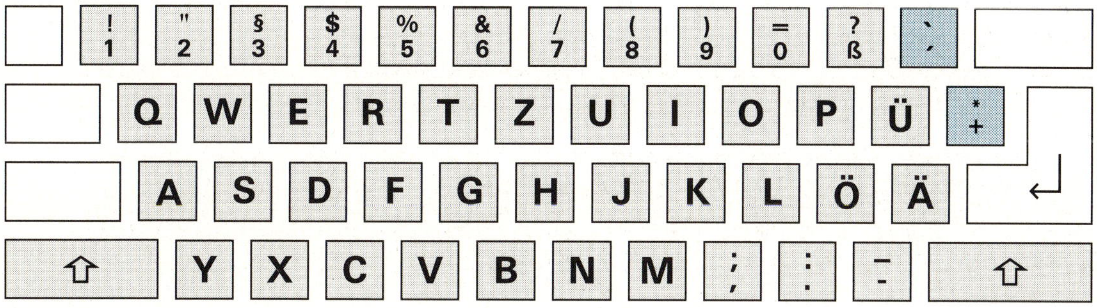

Kalenderdaten

3 Am 1. Juni 19.. berieten wir. Am 2. März 19.. berieten wir.
4 Er kam am 1. Mai 19.. zu uns. Er kam am 1. Mai 19.. zu uns.
5 Am 2. Sept. 19.. sind Ferien. Am 2. Juli 19.. hat sie frei.

Anschläge
6 Das Schreiben der Großhandlung Fisch stammt vom 19..-09-25. 64
7 In der Bezugszeichenzeile war als Datum 95-07-30 angegeben. 63
8 Seit 19..-02-15 ist der Betrag von 21,00 DM bereits fällig. 64
189

Plus - „geboren": Der rechte kleine Finger tastet weit rechts hoch - * mit Umschaltung.

9 ö+ö ö+ö ö+ö +ö+ +ö+ +ö+ ö+j ö+j ö+j ö*ö ö*ö ö*ö *ö* *ö* *ö*
10 5 + 3 = 8, 4 + 2 = 6, 10 + 9 = 19, 25 + 5 = 30, 50 + 8 - 58
11 Eva Kluge, * 72-04-25; Karl Heinze, * 42-06-18, + 96-05-28.

Akzente: Der rechte kleine Finger tastet weit rechts hoch über das *ü* hinweg.

12 ö´ö ö´ö ö´ö ö`ö ö`ö ö`ö ö^ö ö^ö ö^ö öé öé öé öà öà öà öô öô
13 Café, Café, Coupé, Coupé, Glacé, Glacé, Doublé, ein Doublé,

14 Ampère, Ampère, Rhône, Rhône, Mâcon, Mâcon, Hélène, Hélène,
15 mit dem Coupé fahren, das schöne Café, das Doublé getragen,
16 Watt und Ampère, an der Rhône, die Stadt Mâcon, mit Hélène.

Zeilensätze

17 Für dieses Darlehen berechnet die Sparkasse 6 1/2 % Zinsen. 66
18 Fernmündlich können Sie unter (0 23 45) 18 27-92 bestellen. 64
19 Die Firma Schulze OHG hat den Telefaxanschluss Fax 3 85 47. 68
20 Sie können nun direkt über T-Online 0341 2 48 39 bestellen. 63
261
21 Bei den ersten Computern dienten Röhren als Schaltelemente. 64
22 Der Computer Eniac hatte die Größe eines Einfamilienhauses. 65
23 Schon im Jahre 1934 entwickelte Konrad Zuse einen Computer. 65
24 Der Chip löste 1968 in der Entwicklung die Transistoren ab. 64
258

Schreibregeln

- Kalenderdaten dürfen alphanumerisch oder numerisch geschrieben werden. Das numerische Datum wird in der Reihenfolge Jahr - Monat - Tag durch Mittestriche gegliedert. Monat und Tag werden zweistellig geschrieben.
- Vor und nach einem Rechenzeichen folgt ein Leerzeichen.
- * wird für *„geboren"*, + für *„gestorben"* geschrieben.
- Erst ist das Akzentzeichen zu schreiben, danach ist der darunter stehende Buchstabe einzugeben.

21 Training

Rechtschreibübungen

Zeile		Anschläge
1	zuschulden kommen, sonntags und montags, die meisten davon,	60
2	außer Acht lassen, bereits heute Morgen, den ersten Besten,	60
3	zustande gekommen, der Montagnachmittag, mehrere Millionen,	62
4	in Betracht kommt, erst an diesem Abend, ein viertel Liter,	63
5	in Frage gekommen, noch Donnerstagabend, das Paar Strümpfe.	64
		309
6	Dabei wird ihm angst und bange. Davor hatte er keine Angst.	63
7	Sie berichtete etwas Wichtiges. Er berichtete nichts Neues.	64
8	Es ist wichtiger als sie denkt. Sie war aufs Neue gespannt.	63
9	Diese Methode ist die richtige. Bei Grün darf man anfahren.	64
10	Wir erörtern das Wenn und Aber. Sie nahm den ersten Besten.	64
		318
11	Der Lehrer bewertete das Lesen. Ein paar Stunden vergingen.	65
12	Genaues Arbeiten ist erwünscht. Das gefiel allen am besten.	63
13	Uns blieb nichts anderes übrig. Er wünschte uns alles Gute!	64
14	Dies ist doch etwas Besonderes. Sie hat ihr Recht bekommen.	64
15	Sie gingen durch dick und dünn. Er traf genau ins Schwarze.	63
		319

Vorübung

Zeile		Anschläge
16	informieren Information; Original originalgetreu; Kopierer,	63
17	kopieren Fernkopie Fernkopiergerät; Telefax Telefaxdienste;	64
18	Skizzen skizzieren; Manuskripte; Elektronik elektronisches.	63
19	Mit einer Fernkopie übermitteln Sie Skizzen originalgetreu.	64
20	Für das Fernkopieren ist ein Telefonanschluss erforderlich.	63
		317

Telefax - ein Dienst der Telekom

Zeile		Gesamtanschläge
21	Um Informationen in kürzester Zeit vom Sender zum Empfänger	65
22	übermitteln zu können, bietet die Telekom den Telefaxdienst	127
23	an. In wenigen Sekunden lassen sich Schriftstücke, Skizzen,	191
24	Zeichnungen oder sonstige Informationen mit einer Fernkopie	254
25	originalgetreu vom Sender zum Empfänger schnell übertragen.	316
	316	
26	Wer die Vorteile des Fernkopierens in Anspruch nehmen will,	380
27	muss über ein Telefaxgerät verfügen und an ein öffentliches	441
28	Fernsprechnetz angeschlossen sein. Die Vorlage ist zunächst	504
29	in den Kopierer einzulegen und die Verbindung herzustellen.	566
30	Über die Telefonleitung kann dann nicht telefoniert werden.	628
	312	
31	Ist der Fernkopierer eingeschaltet, erfolgt die Übertragung	691
32	der Kopie vom Sender zum Empfänger auf elektronischem Wege.	755
33	Auf dem Gerät des Senders werden die Zeichen der Vorlage in	820
34	elektronische Impulse umgewandelt. Es ist auch möglich, den	883
35	Computer mit einem Modem für den Telefaxdienst einzusetzen.	946
	317	
36	Auch Unternehmen, die kein Fernkopiergerät besitzen, können	1009
37	den Telefaxdienst nutzen. Der Telefaxteilnehmer übermittelt	1072
38	seine Fernkopie in eine nahe gelegene Postfiliale. Von dort	1135
39	kann nun die Fernkopie als Brief in einem Umschlag oder mit	1198
40	Post Express befördert werden. Mit Telefax sparen Sie Zeit!	1261
	316	

22 Aufstellungen mit dem Tabulator

Bedienkunde

- Der Tabulator erleichtert das Schreiben von Tabellen und Aufstellungen. Zum Tabulator gehören die *Tabuliertaste*, der *Tabulatorsetzer* (T +) und der *Tabulatorlöscher* (T -).
- Mit der Tabuliertaste werden die Leerräume zwischen den Spalten überwunden. Mit dem Tabulatorlöscher werden die Tabulatorstopps gelöscht. Der Tabulatorsetzer bestimmt, auf welcher Gradzahl das Druckwerk anhält (Tabulatorstopp).

Arbeit mit dem Tabulator

- Tabuliertaste bedienen,
- beim Tabulatorstopp den Tabulatorlöscher (T -) verwenden,
- überprüfen, ob die Stopps gelöscht sind,
- Druckwerk auf die gewünschte Gradzahl führen und Tabulatorsetzer (T +) betätigen,
- Tabulatorstopps überprüfen,
- Aufstellung schreiben.

Aufstellungen

Unterführung mit dem Tabulator

Zeile	15	26	30	39	44
1	Ihre Bestellung	vom	..-09-01	über	10 Schreibmaschinen
2	" "	"	..-09-03	"	15 Bürokopiergeräte
3	" "	"	..-09-03	"	15 Personalcomputer
4	" "	"	..-09-10	"	11 Textsysteme

Anschriften

	10	24	39	54
5	**Name**	**Vorname**	**Postfach**	**PLZ und Wohnort**
6	Reichel	Heinz	4 57 86	44229 Dortmund
7	Lehmann	Walter	2 35 79	64283 Darmstadt
8	Schulz	Claudia	5 76 43	48149 Münster
9	Werner	Ingrid	3 29 67	46045 Oberhausen

Kontonummern

	10	27	43	60
10	**Name**	**Vorname**	**BLZ**	**Konto**
11	Huber	Franz	231 400 45	2 453 125
12	Busch	Siegfried	625 300 10	2 837 652
13	Westermann	Xaver	525 650 21	1 348 311
14	Eder	Gustav	743 200 43	3 983 243
15	Brinkmann	Edelgard	130 540 53	2 641 273
16	Brunner	Eva	726 300 83	1 654 952

Aufgabe

Schreiben Sie die folgende Aufstellung (Beginn der Spalten in Klammern):

Name (10), Vorname (26), Silben (42), Note (57); Breuer, Silvia, 160, gut; Robert, Sigrid, 160, befriedigend; Gruppe, Monika, 140, sehr gut; Seidel, Gisela, 140, gut; Kröger, Regina, 120, sehr gut; Becker, Marita, 120, gut.

Schreibregel

- Das Unterführungszeichen wird unter den Anfangsbuchstaben des zu unterführenden Wortes geschrieben. Zahlen werden nicht unterführt.

23 Hervorhebungen (1)

Schreiben in Großbuchstaben

Zeile

1 Der Absatz der Marken ODER und ELBE ist zufrieden stellend.
2 Können Sie uns die Modelle FRANKFURT und MÜNCHEN empfehlen?
3 Ihren anspruchsvollen Kunden empfehlen wir die Marke LUXUS.
4 Das Hauptwerk ist nicht in Magdeburg, sondern in STUTTGART.
5 Die Marke TASMANIEN ist bei allen Kunden besonders begehrt.

Aufgabe: *Heben Sie die wichtigsten Wörter durch Großbuchstaben hervor.*

6 Berücksichtigen Sie bei der Marke Perfekt die Preissenkung.
7 Achten Sie auch auf die neuen Modelle Exklusiv und Eleganz.

Fettschrift

8 Die **Fettschrift** eignet sich ebenfalls als Hervorhebungsart.
9 Die Hervorhebung durch **Fettschrift** ist besonders auffällig.
10 Nur die **wichtigen Textstellen** sollten hervorgehoben werden.
11 Die **Nadeldrucker** erzeugen alle Schriftzeichen **zeichenweise.**
12 An **Thermodruckern** entstehen die Schriftzeichen durch **Wärme.**

Aufgabe: *Heben Sie die wichtigsten Wörter durch Fettschrift hervor.*

13 Alle Laserdrucker geben Texte in hoher Geschwindigkeit aus.
14 Texte werden entweder zeilen- oder seitenweise ausgedruckt.

Kursivschrift

15 Der Zimmermann *P. Mitterhofer* war ein bedeutender Erfinder.
16 Die erste Schreibmaschine P. Mitterhofers bestand aus *Holz.*
17 Durch *Nadelspitzen* machte Mitterhofer die Schrift sichtbar.
18 Das vierte Modell Mitterhofers bestand aus *Holz und Metall.*
19 Peter Mitterhofer baute *fünf verschiedene Schreibmaschinen.*

Aufgabe: *Heben Sie die wichtigsten Wörter durch Kursivschrift hervor.*

20 Die Kursivschrift ist eine wirkungsvolle Hervorhebungsart.
21 Nur die wichtigen Textstellen sollen hervorgehoben werden.

Wechsel der Schriftart und Schriftgröße

22 Der englische Ingenieur Henry Mill gilt als Erfinder der Schreibmaschine.
23 Er erhielt 1714 ein Patent, Buchstaben abzudrucken oder abzuschreiben.

Aufgabe: *Heben Sie wichtige Textteile durch Verändern der Schriftart und Schriftgröße hervor.*

24 Die Schriftarten Arial und **Times New Roman** sind Proportionalschriften.
25 Die Schriftart Courier New hat jedoch einen gleichen Zeichenschritt.

Schreibregeln

- Eine Hervorhebung beginnt unter dem ersten und endet unter dem letzten Zeichen des hervorzuhebenden Wortes. Satzzeichen werden auch hervorgehoben.
- Bei längeren Hervorhebungen in Großbuchstaben empfiehlt es sich, den Umschaltfeststeller zu benutzen.

Einrückung

Auf der diesjährigen Büromesse in Hannover können wir unser

20 (2,54 cm)

neuestes Textsystem mit einem Farbstrahldruckwerk

.

vorführen. Wir erwarten Sie an unserem Ausstellungsstand 3.

Aufgabe: *Rücken Sie die gekennzeichnete Textstelle ein.*

Überweisen Sie uns den Betrag von 200,00 DM bis zum 15. Oktober d. J. auf das Konto 523 185 (BLZ 414 500 75) bei der Sparkasse Soest.

Mehrzeilige Einrückung

Wichtige Textteile können an Schreibmaschinen, Textsystemen und Computern durch

20 (2,54 cm)

Unterstreichen, Anführungszeichen, Großbuchstaben, Einrücken, Wechsel der Schriftart und Schriftgröße sowie Fettschrift und Zentrieren

.

hervorgehoben werden. Alle Schreibregeln sind zu beachten.

Aufgabe: *Rücken Sie die gekennzeichnete Textstelle ein.*

In dem Kaufvertrag heißt es: "Die Ware bleibt bis zu ihrer vollständigen Bezahlung Eigentum des Verkäufers." Es steht noch ein Restbetrag von 125,00 DM aus.

Zentrieren

Ab 1. Oktober d. J. ist für den Bezirk Ostdeutschland unser Außendienstmitarbeiter,

.

Herr Thomas Wallgärtner,

.

zuständig. Er wird Sie schon am nächsten Freitag besuchen.

Zu einer Besprechung in unserem Hauptwerk laden wir Sie für

.

Freitag, 5. März d. J., 14:00 Uhr

.

ein. Wir bitten Sie sich pünktlich in Raum 21 einzufinden.

Aufgabe: *Die wichtigste Textstelle ist durch Zentrieren hervorzuheben.*

Heute stellen wir Ihnen unser neuestes Textsystem Text 2000 vor. Überzeugen Sie sich doch von seinem Leistungsvermögen.

Schreibregeln

- Einrückungen beginnen auf Grad 20 (2,54 cm vom linken Rand). Vor und nach den eingerückten Textteilen bleibt eine Leerzeile (zweimal schalten). An Textverarbeitungsprogrammen und neueren Schreibmaschinen ist es möglich, das automatische Einrücken einzustellen.
- Zentrieren ist Hervorheben durch Einmitten. Vor und nach einer Zentrierung bleibt eine Leerzeile.

25 Aufzählungen

Kennzeichnen durch Ordnungszahlen

Die Zeichenerzeugung an Schreibmaschinen geschieht meistens durch

.   20 (2,54 cm)

1. Typenräder
2. Kugelköpfe
3. Typenhebel
4. Thermotransferdruckwerke
5. Farbstrahldruckwerke

.

Ältere Schreibmaschinen sind mit Typenhebeln ausgestattet.

Kennzeichnung durch den Mittestrich

Über die Prüfungsanforderungen informiert Sie die Prüfungsordnung. Darin sind als Prüfungsgegenstände aufgeführt:

.

- Schnellschreiben nach Vorlage
  Ein mittelschwerer Text ist von einer Vorlage abzuschreiben. Für 10 Minuten ist eine Mindestleistung von 1800 Anschlägen vorgeschrieben.

.

- Textgestaltung nach formloser Vorlage
  Ein Geschäftsbrief ist nach einer formlosen Vorlage normgerecht zu gestalten. Wichtige Textteile sind hervorzuheben. Der Brief umfasst rund 1300 Anschläge.

Kennzeichnung durch Ordnungszahlen und Kleinbuchstaben

Nach den Normen werden Schreibmaschinen und Diktiergeräte wie folgt unterschieden:

.

1. Schreibmaschinen
   a) mechanische Schreibmaschinen
   b) elektromechanisch angetriebene Schreibmaschinen
   c) elektronisch gesteuerte Schreibmaschinen

.

2. Diktiergeräte
   a) Bürodiktiergeräte
   b) Handdiktiergeräte
   c) Wiedergabegeräte

Aufgabe

Gestalten Sie das folgende Beispiel normgerecht:

1. Zentraleinheit a) Hauptspeicher b) Prozessor
2. Peripherie a) Tastatur b) Bildschirm c) Externe Speicher d) Drucker e) Maus f) Scanner

Schreibregeln

- Beginn und Ende der Aufzählungen sind vom vorausgehenden und folgenden Text durch eine Leerzeile zu trennen. Aufzählungsglieder dürfen durch Ordnungszahlen oder durch den Mittestrich gekennzeichnet werden. Die Textteile stehen in einer Fluchtlinie untereinander.
- Zwischen den einzelnen Aufzählungsgliedern darf auch eine Leerzeile bleiben.
- Bei zweistufigen Aufzählungen werden Ordnungszahlen und Kleinbuchstaben mit einer Nachklammer verwendet. Es gibt keine einheitliche Fluchtlinie.

26 Straßennamen

Zusammenschreibung von Straßennamen

Zeile		Anschläge
1	Der Radfahrer bog hinter der Siedlung in den Mühlenweg ein.	64
2	Auch die Webergasse ist für den Durchgangsverkehr gesperrt.	63
3	Der Autobus hält an der Bismarckstraße und der Königsallee.	64
4	Neben dem Westfalendamm wird jetzt ein Radfahrweg angelegt.	63
5	Wegen Bauarbeiten ist der Schillerplatz bis April gesperrt.	64
		318

• Straßennamen, die aus einem einfachen oder zusammengesetzten Substantiv (auch Namen) und einem für Straßennamen typischen Grundwort bestehen, werden zusammengeschrieben.

Straßennamen mit Bindestrich

6	Die Albrecht-Dürer-Straße ist nun für den Verkehr gesperrt.	63
7	Vor dem Kaiser-Wilhelm-Ring steht ein neues Verkehrsschild.	64
8	Die Robert-Koch-Straße ist nur in einer Richtung befahrbar.	63
9	Der Festzug beginnt vielleicht auf dem Ludwig-Erhard-Platz.	64
10	Auswärtige Besucher befahren oft die Friedrich-List-Straße.	64
		318

• Der Bindestrich wird verwendet, wenn vor dem Grundwort mehrere Bestimmungswörter stehen.

Straßennamen mit Orts- und Ländernamen

11	Auf dem Marburger Weg steht seit heute eine Fußgängerampel.	64
12	Der Bad Nauheimer Weg ist bis Juli nur einspurig befahrbar.	65
13	Auf dem Amsterdamer Platz soll eine Kundgebung stattfinden.	64
14	Der Marathonlauf wird auf der Rheinischen Straße gestartet.	64
15	Ein Personenkraftwagen wendete auf der Schlesischen Straße.	64
		321

• Getrennt schreibt man Ableitungen von Orts- oder Ländernamen auf *-er* oder *-isch*.

Straßennamen aus Adjektiven

16	Die Hochstraße soll nun bis April d. J. asphaltiert werden.	64
17	Für den Ausbau der Hohen Straße stehen keine Mittel bereit.	65
18	Zur Wahlversammlung am Altmarkt erschienen viele Einwohner.	64
19	Durch Straßenumbenennung heißt der Platz jetzt Alter Markt.	65
20	Die Touristen besuchen immer wieder gern die Kleine Brücke.	64
		322

• Straßennamen, die aus einem ungebeugten Adjektiv und einem Grundwort zusammengesetzt sind, werden zusammengeschrieben. Getrennt schreibt man dagegen, wenn das Adjektiv gebeugt ist. Das erste Wort eines Straßennamens wird großgeschrieben.

21	Im Stillen Winkel werden entlang des Weges Bäume gepflanzt.	65
22	Das Motorrad bog An der Grünen Hecke in den Drosselweg ein.	66
23	Der Weg "An den Drei Linden" ist nun nicht mehr passierbar.	67
24	Am Ende der Brunnengasse beginnt der Weg "Am Großen Teich".	69
25	Die neue Unternehmensanschrift lautet: Im Tiefen Grund 325.	65
		332

• Alle zum Straßennamen gehörenden Adjektive schreibt man groß.

Aufgabe

Schreiben Sie die folgenden Straßennamen richtig.

Neu...(m)arkt, (n)euer...(m)arkt, Alster...(p)fad, Frankfurter...(r)ring, Heinrich...(h)eine...(p)latz, Fränkische...(s)traße, Aachener...(h)auptstraße, Hochfeld...(s)traße, Hermann...(l)öns...(s)traße, (a)n der (g)roßen Brücke, Berliner...(a)llee, Heinemann...(s)traße.

27 Anschriften

.	.
.	.
Frau Amtsrätin	Herrn Geschäftsführer
Ingrid Neumann	Dr. Heinz Winkelmann
Marktstraße 12	Sennestadt
.	Kölner Ring 215 // III
44866 Bochum	.
.	33689 Bielefeld
.	.

- Die Anrede beginnt in der 3. Zeile des neunzeiligen Anschriftfeldes. Vor der Postleitzahl und dem Bestimmungsort bleibt eine Leerzeile.
- Berufs- oder Amtsbezeichnungen stehen hinter der Anrede.
- Ortsteilangaben stehen vor der Straßenbezeichnung.
- Akademische Grade (z. B. *Dr., Dipl.-Ing., Dipl.-Kfm., Dipl.-Hdl.)* werden als Bestandteile des Namens angesehen. Sie stehen davor.
- Für Stockwerkangaben werden römische Zahlen verwendet. Davor stehen zwei Schrägstriche, getrennt durch Leerzeichen.

Infopost	Einwurf-Einschreiben
.	.
Eheleute	Frau
Martina und Hans Keller	Ilse Schulze
Albrecht-Dürer-Straße 3	bei Westermann
.	Im Tiefen Grund 16 b
04275 Leipzig	.
.	48149 Münster
.	.

- Zusätzliche Leistungen (z. B. *Einwurf-Einschreiben, Infopost* usw.) werden in der 1. Zeile vermerkt.
- Untermieterangaben werden unter den Namen gesetzt.

.	Übergabe-Einschreiben
.	.
Lehmann & Krause KG	Firma
Herrn Thomas Walter	Paul Lehmann
Postfach 13 75	Postfach 8 17 02
.	.
40210 Düsseldorf	80335 München
.	.
.	.

- Soll eine Sendung einen bestimmten Mitarbeiter erreichen, wird der Name unter der Firma aufgeführt.
- Das Wort *"Firma"* wird weggelassen, wenn aus der Firma ersichtlich ist, dass es sich um ein Unternehmen handelt.

Aufgabe

Gestalten Sie folgende Anschriften normgerecht:

Frau Studienrätin Dipl.-Hdl. Eva Jung, bei Hoffmann, Lange Straße 27, 66123 Saarbrücken
Großhandel Gebrüder Sauer OHG, Herrn Heinz Neumeyer, Postfach 16 03, 60329 Frankfurt
Firma Gerhard Braun, Postfach 2 47, 59575 Arnsberg
Post Express - Herrn Elektromeister Rudolf Schäfer, Postfach 51 22 36, 30159 Hannover
Herrn Amtsrat Hermann Bauer und Frau, Dortmundweg 7, 39144 Magdeburg

28 Brief A4 ohne Aufdruck

.
.
.
.
Ulrike Wegener   19..-03-15
Kleine Gasse 5
84030 Landshut
Tel. (08 71) 23 46   *Zeilenende:* Grad 75
.
.
.
.
.
.
Bürosysteme
Winkelmann & Co. OHG
Postfach 1 83 45
.
90459 Nürnberg
.
.
.
.
Bewerbung als Sachbearbeiterin
.
.
Sehr geehrte Damen und Herren,
.
in den "Bayerischen Nachrichten" las ich, dass Sie zum 1. Oktober eine **Sachbearbeiterin** für Ihr Unternehmen suchen. Um diese Stelle bewerbe ich mich.
.
Nach meiner Ausbildung als Bürokauffrau war ich bei der Stadtverwaltung Landshut beschäftigt, bevor ich eine Stelle als Sachbearbeiterin bei der Firma Schreiber & Söhne KG, Landshut, antrat. Über meine beruflichen Leistungen informieren Sie die Zeugnisse meiner Arbeitgeber.
.
Da ich aber bei meinem jetzigen Arbeitgeber keine weiteren Aufstiegsmöglichkeiten sehe, möchte ich bei Ihnen eine neue Tätigkeit aufnehmen.
.
Ich würde mich freuen, wenn ich mich bei Ihnen vorstellen dürfte.
.
Freundliche Grüße
.
.
.
Anlagen
1 tabellarischer Lebenslauf
1 Lichtbild
2 Zeugniskopien

- Die Absenderanschrift beginnt in der 5. Zeile des Anschriftfeldes. Daneben steht rechts auf Grad 50 das Datum. Die 15. Zeile entspricht der 3. Zeile des Anschriftfeldes. Hier beginnt die Empfängeranschrift. Der Betreff wird in die 24. Zeile geschrieben. Er darf hervorgehoben werden. Danach folgen zwei Leerzeilen.

29 Briefe A4 ohne Aufdruck nach formloser Vorlage

Bewerbung um einen Ausbildungsplatz als Arzthelferin

Briefkopf:	eigene Absenderangaben
Datum:	heutiges Datum
Empfängeranschrift:	Herrn Dr. med. Thomas Weber Hauptstraße 7, 99423 Weimar
Betreff:	Bewerbung

Text	Gesamtanschläge
Sehr geehrter Herr Dr. Weber, von Ihrer Arzthelferin, Frau	65
Gertrud Fröhlich, erfuhr ich, dass Sie zum 1. August d. J.	129
noch eine Auszubildende als Arzthelferin einstellen. Um die-	191
sen Ausbildungsplatz bewerbe ich mich. Ablichtungen meiner	252
letzten beiden Schulzeugnisse füge ich diesem Schreiben bei.	314
Zurzeit besuche ich die Städtische Realschule, aus der ich	378
im Sommer d. J. entlassen werde. Nach dem erfolgreichen Ab-	440
schluss möchte ich die Ausbildung als Arzthelferin beginnen.	503
Im letzten Schuljahr absolvierte ich in der Praxis Dr. Klug	568
ein Praktikum, das mich in meinem Berufswunsch bestärkte.	628
Im Stenografenverein besuchte ich einen Anfänger- und Fort-	690
geschrittenenlehrgang im Maschinenschreiben. Bei einem Leis-	751
tungsschreiben erreichte ich **210 Anschläge** in der Minute mit	815
der Note **"gut".** Ich würde mich freuen, wenn ich mich Ihnen	879
einmal vorstellen dürfte. Mit freundlichen Grüßen 2 Anlagen	941

Beanstandung einer Schreibmaschine

Briefkopf:	eigene Absenderangaben
Datum:	heutiges Datum
Empfängeranschrift:	Büromaschinenhandel Hans Petermeyer Postfach 1 65 28, 58089 Hagen
Betreff:	Reklamation einer elektronischen Schreibmaschine
Anrede:	Sehr geehrter Herr Petermeyer

Text	Gesamtanschläge
Am 10. Mai d. J. kaufte ich in Ihrem Geschäft die elektroni-	62
sche Schreibmaschine **"Elektronik 100".** Ich hatte mich damals	128
von Ihnen beraten lassen, weil ich mich zwischen zwei ähnli-	188
chen Modellen nicht entscheiden konnte. Die **"Elektronik"** hat-	253
ten Sie mir als eine besonders robuste Maschine empfohlen.	314
Schon nach kurzer Zeit stellte ich fest, dass sich die Typen-	377
räder schwer auswechseln ließen. Nachdem dieser Schaden beho-	439
ben war, funktionierte der Farbbandtransport nicht mehr. Die	502
Maschine wurde erneut repariert. Als ich gestern noch etwas	564
schreiben wollte, konnte ich das Druckwerk nicht bewegen.	623
Dies ist nun die dritte Beanstandung innerhalb weniger Mo-	683
nate. Da die Garantiezeit noch nicht abgelaufen ist, bitte	744
ich mir diese elektronische Schreibmaschine gegen eine ein-	803
wandfreie Maschine umzutauschen. Ich nehme an, dass Sie für	866
meinen Wunsch Verständnis haben. Mit freundlichen Grüßen	926

30 Lebenslauf in Tabellenform

35 (8,9 cm)

Lebenslauf

Name:	Ulrike Steinhoff
Geburtsdatum: **Geburtsort:**	17. Juli 19.. Dortmund
Anschrift:	Westfalendamm 18 44141 Dortmund
Eltern:	Erwin Steinhoff, Kaufmann Ingrid geb. Ahrens, Lehrerin
Schulbesuch:	Sommer 19.. - Sommer 19.. Grundschule in Dortmund
	Sommer 19.. - Sommer 19.. Realschule in Dortmund
	Sommer 19.. - Sommer 19.. Höhere Berufsfachschule für Wirtschaft in Dortmund
Lehrgänge:	Eilschriftlehrgang im Stenografenverein 1951 E. V.
	Einführung in die Textverarbeitung bei der VHS in Dortmund
Sonstiges:	Mitglied im Stenografenverein Dortmund 1951 E. V. seit 19..
	Sportabzeichen im Jahre 19.. Laufabzeichen, Stufe 3

Dortmund, 8. Februar 19..

Regeln

- Der Lebenslauf in Tabellenform ist nicht genormt. Er sollte alle wesentlichen Angaben enthalten. Die Leitwörter sollten auf Grad 10 geschrieben werden. Dahinter können die Angaben auf Grad 35 (8,9 cm vom linken Rand) beginnen. Bis zur Überschrift *Lebenslauf* sollten 12 Leerzeilen bleiben.

31 Briefabschlüsse in Geschäftsbriefen

Gruß mit Angabe des Unterzeichners

```
Für Ihre Antwort danken wir Ihnen schon heute.
.
Mit freundlichen Grüßen
.
.         Raum für die Unterschrift
.
Baumann
```

- Zwischen dem Gruß und der maschinenschriftlichen Angabe des Unterzeichners bleiben drei Leerzeilen (viermal schalten).

Briefabschluss mit Angabe der Firma

```
Unser Außendienstmitarbeiter wird Sie in Kürze besuchen.
.
Freundliche Grüße
.
Möbelfabrik
Hoffmann & Becker KG
.
.
.
Thomas Schulze
```

- Die Bezeichnung der Firma, Behörde usw. wird durch eine Leerzeile (zweimal schalten) vom Gruß abgesetzt.

Briefabschluss mit zwei Unterschriften

```
Wenn sich der Zinssatz ändert, informieren wir Sie.
.
Mit freundlichen Grüßen
.
Genossenschaftsbank
Wilhelmshaven EG
.
ppa.
.
Richter      Müller
```

- Zusätze wie *ppa., i. V.* oder *i. A.* stehen zwischen der Firma und der Unterschriftswiederholung. Zwischen den einzelnen Bestandteilen bleibt eine Leerzeile (zweimal schalten).

Aufgaben

Schreiben Sie die folgenden Briefabschlüsse normgerecht:

Gern sind wir bereit Sie auch über unsere Haushaltwaren zu informieren.
Mit freundlichen Grüßen Großhandlung Wagner & Schön OHG - Eva Richter

Eine Probesendung wird Sie von den Vorzügen überzeugen. Mit freundlichen Grüßen Textilwarenfabrik Möller & Co. OHG - i. A. Köhler

In Zukunft erhoffen wir uns eine angenehme Zusammenarbeit. Freundliche Grüße Zeitschriftenverlag Herbert Köster KG - ppa. Waldmann - Becker

Bavaria-Werke AG

Bavaria-Werke AG · Postfach 4 96 37 · 44137 Dortmund

Frau
Sabine Schröder
Westfalendamm 5

44141 Dortmund

Ihr Zeichen, Ihre Nachricht vom	Unser Zeichen, unsere Nachricht vom	Telefon, Name (02 31) 2 01-	Datum
..-03-02	we-bl	5 31 Herr Wegmann	..-03-29

Ihre Bewerbung

Sehr geehrte Frau Schröder,

für Ihre Bewerbung danken wir Ihnen. Wir freuen uns, dass Sie in unserem Unternehmen eine Ausbildung als Industriekauffrau beginnen wollen. Für die sieben Ausbildungsplätze liegen uns noch weitere Bewerbungen vor.

Sicher haben Sie Verständnis dafür, dass die Durchsicht der Bewerbungsunterlagen eine längere Zeit dauern wird. Wenn wir die Lebensläufe und Zeugnisse aller Bewerber geprüft haben, informieren wir Sie.

Bitte gedulden Sie sich noch etwas.

Freundliche Grüße

BAVARIA-WERKE AG
Personalabteilung

i. A.

Thomas Wegmann

- Die Bezugszeichen schließen mit den darüber stehenden Leitwörtern ab.
- Der Betreff ist nach zwei Leerzeilen unter die Bezugszeichen zu schreiben. Die stichwortartige Inhaltsangabe darf hervorgehoben werden. Bis zum folgenden Text oder der Anrede bleiben zwei Leerzeilen.
- Der Brieftext wird durch Absätze gegliedert.

Geschäftsräume
Leipziger Straße 15 – 20
44139 Dortmund

Telefax
(02 31) 23 78 70

Stadtsparkasse Dortmund
Konto 51 345 700
(BLZ 440 501 99)

Postbank Dortmund
Konto 62 356 463
(BLZ 440 100 46)

Vorsitzender des Aufsichtsrates: Dr. Helmut Fricke · Vorstand: Dr. Franz Neu, Dipl.-Kfm. Peter Fröhlich, Werner Krause · Sitz der Gesellschaft: Dortmund
Handelsregister B Nr. 1357 beim Amtsgericht Dortmund

Briefabschluss mit Anlagenvermerk

Das günstige Angebot wird Sie sicher überzeugen.
.
Mit freundlichen Grüßen
.
Maschinenfabrik
Neumann & Söhne OHG
.
ppa.
.
Schulze
.
Anlagen
1 Angebot
1 Prospekt

- Anlagen- oder Verteilvermerk stehen nach einer Leerzeile unter der maschinenschriftlichen Angabe des Unterzeichners. Unter dem Wort *"Anlagen"*, das hervorgehoben werden darf, können die Anlagen einzeln aufgeführt werden.

Anlagen- und Verteilvermerk

Die Rechnung fügen wir diesem Schreiben bei. Wir bitten um baldige Überweisung.
.
Mit freundlichen Grüßen
.
Autozubehör
Albersmeyer & Co. OHG
.
.
.
Veronika Keller
.
1 Anlage
.
Verteiler
Frau Weber

- Wenn die Anlagen im Text genannt sind, muss man sie nicht mehr einzeln aufführen.
- Sind Anlagen- und Verteilvermerk aufzuführen, steht der Verteilvermerk nach einer Leerzeile unter dem Anlagenvermerk.

Anlagen- und Verteilvermerk bei Platzmangel

Unsere Niederlassung in Frankfurt wird Sie noch informieren.
.
Freundliche Grüße
.
Sauerland & Co. KG
.
i. V.
.
Karin Hagemann

50 (10,16 cm)
2 Anlagen
.
Verteiler
Verkaufsabteilung
Herrn Schneider

- Bei Platzmangel werden Anlagen- und Verteilvermerk auf Grad 50 (10,16 cm) geschrieben. Der erste Vermerk beginnt in Höhe des Grußes.

Bavaria-Werke AG

Bavaria-Werke AG · Postfach 4 96 37 · 44137 Dortmund

Frau
Sabine Schröder
Westfalendamm 5

44141 Dortmund

Ihr Zeichen, Ihre Nachricht vom	Unser Zeichen, unsere Nachricht vom	Telefon, Name (02 31) 2 01-	Datum
..-03-02	we-bl	5 31 Herr Wegmann	..-04-18

Vorstellungsgespräch

Sehr geehrte Frau Schröder,

unter den zahlreichen Bewerbern für den Ausbildungsberuf der Industriekauffrau haben wir Ihre Bewerbung in die engere Wahl gezogen.

Um Sie persönlich kennen zu lernen, laden wir Sie zu einem Vorstellungsgespräch am

Donnerstag, 25. April d. J., 15:00 Uhr

in unsere Hauptverwaltung ein. Dabei haben Sie Gelegenheit, sich über den Ausbildungsgang zu informieren.

Senden Sie uns den Vordruck noch vor Ihrem Vorstellungsgespräch ausgefüllt zurück. Dafür danken wir Ihnen im Voraus.

Freundliche Grüße

BAVARIA-WERKE AG
Personalabteilung

i. A.

Thomas Wegmann

50 (10,16 cm)
1 Anlage

Verteiler
Vorstand

Geschäftsräume
Leipziger Straße 15 - 20
44139 Dortmund

Telefax
(02 31) 23 78 70

Stadtsparkasse Dortmund
Konto 51 345 700
(BLZ 440 501 99)

Postbank Dortmund
Konto 62 356 463
(BLZ 440 100 46)

Vorsitzender des Aufsichtsrates: Dr. Helmut Fricke - Vorstand: Dr. Franz Neu, Dipl.-Kfm. Peter Fröhlich, Werner Krause - Sitz der Gesellschaft: Dortmund
Handelsregister B Nr. 1357 beim Amtsgericht Dortmund

35 Geschäftsbriefe A4 nach formloser Vorlage

Unser neues Lieferprogramm

Empfängeranschrift:	Großhandlung Friedrich Hollmann KG Postfach 2 15, 02826 Görlitz
Unser Zeichen, unsere Nachricht vom:	me-th
Datum:	heutiges Datum
Betreff/Anrede:	Unser Lieferprogramm - Sehr geehrte Damen und Herren
Briefabschluss:	Freundliche Grüße Sportartikel Gerhardt OHG i. A. Mertens
Anlagen:	3 Anlagen

Zeile — Gesamtanschläge

In diesem Jahr haben Sie uns leider keine Aufträge erteilt. 64
Dies bedauern wir sehr, weil Sie viele Jahre einer unserer 126
besten Abnehmer waren. Sie wissen, wie sehr wir die gute Ge- 188
schäftsverbindung mit Ihnen schätzen. Sagen Sie uns bitte, 250
ob Ihnen an den letzten Sendungen irgendetwas nicht gefiel. 312

Sind wir Ihnen im Preis nicht genug entgegengekommen oder 373
hatten Sie einen anderen Grund, mit uns unzufrieden zu sein? 436
Sie dürfen davon ausgehen, dass wir für jeden Hinweis dankbar 500
sind und wir uns bemühen werden Mängel in der Belieferung 560
abzustellen. Wir möchten Sie als Stammkunden zurückgewinnen. 624

Damit Sie wieder einen Überblick über unser Lieferprogramm 687
bekommen, senden wir Ihnen unsere neuen Druckschriften. Sie 750
sehen darin, dass wir noch weitere Produkte in unser Sorti- 810
ment aufgenommen haben. Kürzlich haben wir in Aue ein Waren- 872
lager eingerichtet, sodass wir Sie schnell beliefern können. 933

Einstellung als Außendienstmitarbeiter

Empfängeranschrift:	Herrn Rudolf Schäfer, Buchenweg 25, 48432 Rheine
Ihr Zeichen, Ihre Nachricht vom:	..-02-25
Unser Zeichen, unsere Nachricht vom:	ri-po
Datum:	heutiges Datum
Betreff/Anrede:	Einstellung als Mitarbeiter - Sehr geehrter Herr Schäfer
Briefabschluss:	Freundliche Grüße TOP-Küchenmaschinen AG i. V. Richter
Anlagen:	3 Mappen
Verteiler:	Herrn Kleine

Besten Dank für Ihr Schreiben. Wir möchten unsere Erzeugnis- 65
se auch gern in Norddeutschland verkaufen. Sie können besser 128
als wir beurteilen, wie die Absatzchancen in dem Gebiet ein- 189
zuschätzen sind, weil Sie schon seit längerer Zeit dort ar- 249
beiten. Inzwischen haben wir Auskünfte über Sie eingeholt. 311

Diese sind zu unserer vollen Zufriedenheit ausgefallen. We- 372
gen Ihrer ausgezeichneten Fachkenntnisse und Ihres Verkaufs- 435
geschickes sind wir bereit Ihnen die Vertretung unserer Er- 496
zeugnisse für das norddeutsche Verkaufsgebiet zu übertragen. 558
Einen Vertrag möchten wir schon bald mit Ihnen abschließen. 621

Unser Sachbearbeiter, Herr Kleine, wird Sie in der nächsten 686
Woche aufsuchen, um alle Einzelheiten mit Ihnen zu erörtern. 750
Damit Sie sich einen Überblick über unser Verkaufsprogramm 813
verschaffen können, senden wir Ihnen unsere Verkaufsunter- 872
lagen zu. Wir erhoffen uns eine erfolgreiche Zusammenarbeit. 934

36 Training

Häufige Wörter

Zeile		Anschläge
1	nicht erste wenig damit wiegen bilden stehen leisten weiter	60
2	hatte macht liegt geben diesen nennen halten ähnlich reicht	60
3	eines müsst haben ganze beiden dienen setzen bedient lassen	60
4	heute nimmt hielt sehen können führen weiter handeln besten	60
5	schon einig denen außen werden fassen liegen mehrere halten	60
	300	

Wendungen

Zeile		Anschläge
6	neu fabrikmäßig hergestellt, serienmäßig herstellen können,	60
7	die Typenträger konstruiert, die Typenhebel und Typenstäbe,	63
8	die Typenzylinder und Hebel, die deutschen Erfinder Wagner,	64
9	das neue Typenhebelgetriebe, die Farbbänder zur Einfärbung,	63
10	der Erfinder P. Mitterhofer, die bedeutenden Konstrukteure.	64
	314	

Die Entwicklung der Schreibmaschine

Zeile		Gesamtanschläge
11	Wer heute auf einer Schreibmaschine schreibt, kann sich nur	62
12	schwer vorstellen, dass Schreibmaschinen erst seit Ende des	124
13	letzten Jahrhunderts serienmäßig produziert werden. Bis da-	185
14	hin hatten Erfinder die verschiedensten Modelle entwickelt,	247
15	die sich aber noch nicht für die Serienproduktion eigneten.	308
	308	
16	Besondere technische Probleme waren zu lösen: Die Typenträ-	372
17	ger waren zu konstruieren, die Schrift musste für alle les-	432
18	bar sein, die Farbgebung war zu bedenken und die Anzahl der	494
19	Tasten festzulegen. Die vielen Schreibmaschinenmodelle zei-	556
20	gen, dass viele Erfinder das gesteckte Ziel erreicht haben.	618
	310	
21	Einige Erfinder verwendeten für die einzelnen Zeichen einen	681
22	Typenkörper, andere Konstrukteure bevorzugten für alle Zei-	742
23	chen einen Typenkörper. Typenhebel, Stoßstangen oder Typen-	804
24	stäbe trugen bis zu drei Schriftzeichen. Typenzylinder, Ty-	865
25	penrad und Typensegment haben jedoch nur einen Typenträger.	927
	309	
26	Die Typenhebel der ersten Typenhebelschreibmaschinen schlu-	988
27	gen von unten gegen die Schreibwalze. Wer lesen wollte, was	1050
28	er schrieb, musste den Papierträger zunächst zurückklappen.	1111
29	An den Schreibmaschinen mit Oberaufschlag fielen die Typen-	1173
30	hebel von oben auf die Schreibwalze, von vorn oder hinten.	1233
	306	
31	Schreibmaschinen mit sofort sichtbarer Schrift konnten erst	1295
32	hergestellt werden, nachdem Franz Xaver Wagner das Typenhe-	1357
33	belsegment und sein Sohn Hermann den Zwischenhebel erfunden	1420
34	hatten. Die Typenhebel schlugen von vorn gegen die Schreib-	1481
35	walze. Die Einfärbung wurde mit einem Farbband vorgenommen.	1544
	311	
36	Eine Farbgebung durch Farbpapier, Farbkissen oder Farbröll-	1607
37	chen hatte sich nicht bewährt. Der Italiener Ravizza erfand	1670
38	das Farbband. Als bedeutender Erfinder gilt auch der öster-	1731
39	reichische Zimmermann Peter Mitterhofer. Nadelspitzen dien-	1793
40	ten dem Erfinder dazu, die Schrift auch sichtbar zu machen.	1855
	311	
41	Für Schreibmaschinen gab es die verschiedensten Tastaturen.	1918
42	Je eine Taste war für jedes Zeichen einer Volltastatur vor-	1980
43	handen. Nur die Hälfte der Tasten benötigte eine Schreibma-	2042
44	schine mit Halbtastatur. Die Typenhebel nahmen zwei Zeichen	2106
45	auf. Zum Abdruck der oberen Typen diente ein Umschalter.	2166
	311	

- Die Belegung der Schreibtasten mit Schriftzeichen in alphanumerischen Tastaturen ist in DIN 2137 festgelegt.

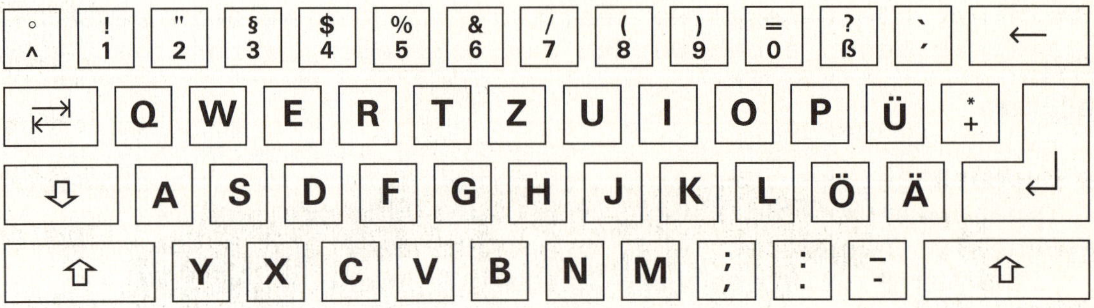

- Für die Funktionssymbole gilt die Norm DIN 33 856 (Bildzeichen).

Rückschritttaste
Sie führt das Druckwerk einen Zeichenschritt nach links.

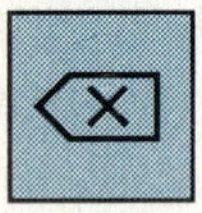

Korrekturtaste
Mit dieser Taste werden Zeichen gelöscht.

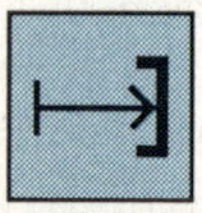

Rechter Randsteller
Mit dem rechten Randsteller wird das Zeilenende festgelegt.

Hochstelltaste
Diese Taste stellt das Papier hoch oder schaltet eine halbe Schreibzeile zurück.

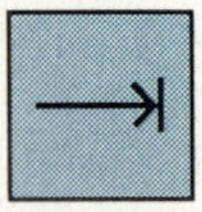

Tabuliertaste
Die Taste dient zum Ansteuern der gesetzten Tabulatorstopps.

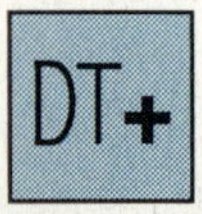

Dezimal-Tabulatorsetzer
In Aufstellungen mit größeren Zahlen setzt man den Dezimal-Tabulatorstopp.

Rückführtaste zum linken Rand
Nach Bedienung der Taste springt das Druckwerk an den Zeilenanfang.

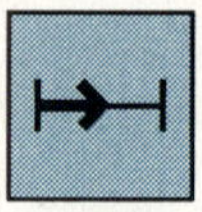

Halbschritttaste
Sie führt das Druckwerk einen halben Zeichenschritt nach rechts.

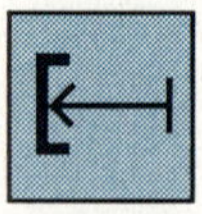

Linker Randsteller
Mit dem linken Randsteller wird der Zeilenanfang eingestellt.

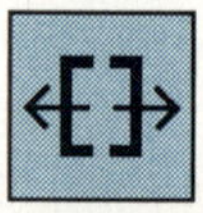

Randlöser
Er hebt die begrenzte Zeilenlänge auf, um den eingestellten Rand überschreiben zu können.

Tiefstelltaste
Diese Taste führt das Papier nach unten oder schaltet eine halbe Schreibzeile.

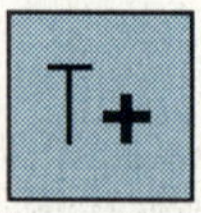

Tabulatorsetzer
Mit dieser Taste werden die Tabulatorstopps gesetzt.

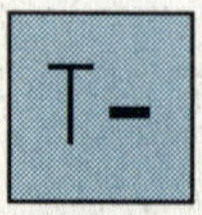

Tabulatorlöscher
Mit dieser Taste löscht man die gesetzten Tabulatorstopps.

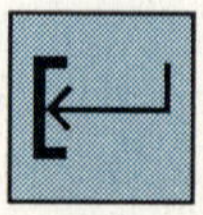

Neue-Zeilen-Taste
Mit dieser Taste gelangt man in eine neue Schreibzeile.

Mechanische Schreibmaschine mit Typenhebeln

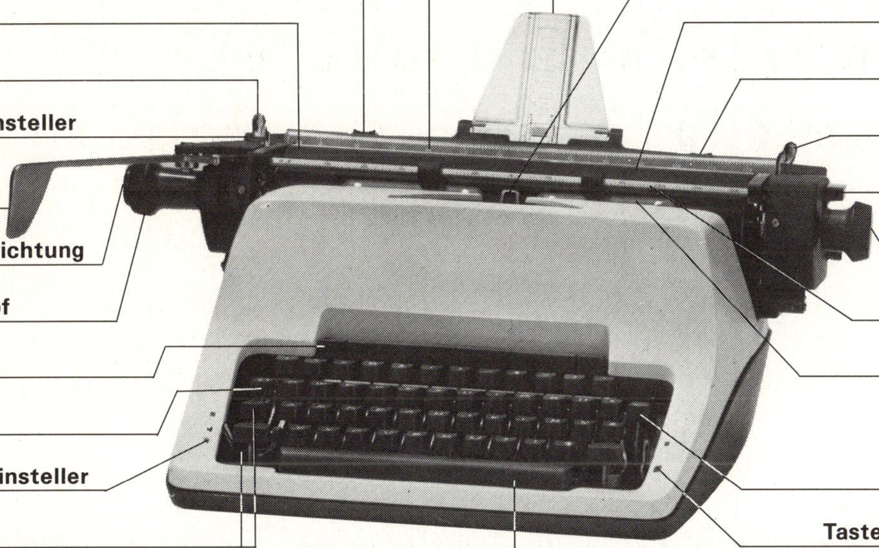

Elektronisch gesteuerte Schreibmaschine mit Typenrad

39 Schreibregeln alphabetisch

Abkürzungen		
mit Punkt	i. A. z. B.	bzw. usw.
ohne Punkt	GmbH BGB	DM kg
Anführungszeichen	"sehr gut"	Marke "Luxus"
Auslassungspunkte	Die Bedingungen ...	
Bankleitzahlen	(BLZ 440 500 75)	(BLZ 300 500 25)
"bis"	20,00 - 25,00 DM	09:00 - 12:00 Uhr
Dezimalzahlen	1.250,00 DM	0,07 DM
Einfache Zahlen	5 000 Stück	5 000 000 Einwohner
Gleichheitszeichen	1 kg = 1 000 g	25 km = 25 000 m
Kalenderdaten		
alphanumerisch	1. November 1998	1. Nov. 1998
numerisch	19..-11-01	96-03-17
Klammern	Bayern (München)	Unterschrift(en)
	Die Tasten <Einfg> und <Entf> bedienen.	
Mittestrich		
Bindestrich	Hamburg-Altona	Theodor-Heuss-Allee
Ergänzungsbindestrich	auf- und abladen	Postein- und -ausgang
Gedankenstrich	Sie versuchte es - leider ohne Erfolg.	
"gegen"; Streckenangaben	HSV - Schalke 04	Frankfurt - Stuttgart
Ordnungszahlen	5. Platz	VII. Stockwerk
Postfachnummern	Postfach 3 33	Postfach 1 45 78
Promille	0,4 o/oo	1,2 o/oo
Rechenzeichen		
Subtraktionszeichen	135 - 20 = 115	152 - 53 = 99
Multiplikationszeichen	10 . 3 = 30	150 x 10 = 1 500
Divisionszeichen	100 : 25 = 4	2 000 : 4 = 500
Römische Zahlen	I = 1 V = 5	X = 10 L = 50
	C = 100 D = 500	M = 1 000
T-Online-Nummern	02921 65 54 11-1	0231 4 29-5 38
Telefaxnummern	(04 41) 35 49 21	(0 29 21) 35-45 19
Telefonnummern	(0 56 28) 5 93-1 85	+49 29 21 35 41
Telexnummern	123456 hein d	1234564-45 gbm d
Uhrzeiten	09:40 Uhr	05:12:03 Stunden
Unterführung	Bestellung vom 15. März über 5 Rechenmaschinen	
	" " 17. " " 5 Computer	
Unterstreichen	Zahlen Sie bis spätestens 25. März d. J.	
Zeichen für Wörter	§ 1 BGB, §§ 2 - 5, 5 %	5-prozentiger